JN074607

バドミントン 勝つ！ダブルス 最強戦術 バイブル

日本体育大学バドミントン部監督

大束忠司 監修

はじめに

　バドミントンは、スピード感が魅力のスポーツです。トップ選手のスマッシュは最大初速度が時速300キロ以上ともいわれ、ほかのスポーツと比べても群を抜く速さです。

　特にダブルスは、シングルスよりもスピーディーな動きが求められる種目です。男子ダブルスでは豪快なスマッシュだけでなく、速いドライブ系のショットでのラリーが展開されるなど、ラリーから目は離せません。初めて観戦した人は、「よく見

えない」、「シャトルが見えない」という声もあるほどです。

　ダブルスのゲームでは、まずサービスが大切です。サービスの精度が高いほど、良いプレーができ、ゲームをリードすることができます。そして、サーブレシーブや相手のスマッシュ、攻撃的なショットをしのぐ守備力も重要になります。

　現代のバドミントンは、スピードを全面に押し出し、相手に自由なショットを打たせない攻撃的なプレーが主流になってい

ます。このようなスピード主流のプレース
タイルに対応するためには、スイングを小
さく、次の準備を早くする技術が大切で
す。そして、試合を制し、ゲームを有利に
進めるためには、相手サービスやショット
を先読みし、試合展開を読んでプレーする
「戦術」が求められます。

　本書ではバドミントンのダブルスで勝
つための「戦術」を網羅しています。「戦
術」というと難しい技術を求められると思
うかもしれません。

　しかし「戦術」を遂行するために必要な
テクニックは、実は基本的なものばかり
です。試合相手が何を考え、自分のサー
ビスやショットに対して、どのような対応
をするのか、戦術眼でバドミントンを考
え、プレーすることで一気にプレーの幅
が広がるはずです。この本がペア上達の
手助けとなれば幸いです。

**日本体育大学バドミントン部　監督
大束忠司**

この本の使い方

本書はバドミントンダブルスの試合で勝つための戦術を紹介しています。

各ページは「コツ」という項目ごとに、必要な戦術や考え方を取りあげています。組んだばかりのペアから中・上級レベルのペアまでフォーメーションから三球目、四球目攻撃など幅広い戦術をカバーしています。

連続写真や解説文、ポイント説明などで構成しているので頭で理解しながら戦術をマスターすることができます。

コツ 01 から順番に読んでいくことはもちろん、気になる部分を中心にチェックしたり、弱点克服や課題のクリアなど、自分のレベルや状況に合わせて活用することができます。

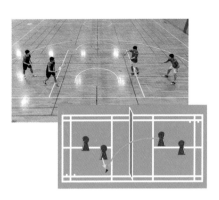

PART 2
コツ 07
LEVEL ■■■■■

サービスの戦略的な意図を理

ショートサービスとロングサービスを使

試合はサービスではじまる。まずサービスをどこに打つかで相手ペアがレシーブし、そのレシーブコースを読んで限定することで、ひとつの戦略が成り立つ。

ダブルスのゲームの場合、シングルスよりもサービスコートの奥行きが広いため、ショートサービスが基本となるので、ショートサービスを軸に戦略を構築しよう。

とはいえショートサービスだけでは、相

手に戦略を読まれたり、ることができない。そうするのがロングサービス

どちらも同じフォームビスを出せることが、れるポイントになる。

まず1カ所でも良いスを出せるポイントを戦略を立てることができ

20

解説文
コツと関係する知識を解説している。じっくり読んで理解を深めよう。

4

解する

分ける

いリズムを変え
うな状況を打破
。

精度の高いサー
を有利に進めら

、正確にサービ
る。そこを軸に
。

POINT ① ショートサービスは バックハンドで出す

ショートサービスのメリットは、コンパクトなスイングから精度の高いサービスを出せる点だ。多くの選手がバックハンドで打つのは、相手にラケット面の動きからコースを読まれないため。相手プッシュを警戒しつつ、ネットギリギリの高さを狙う。

POINT ② ロングサービスで 相手レシーブの読みを外す

ロングサービスは相手の攻撃的なプッシュをかわしたり、レシーブの読みそのものを外すためにも、駆け引きで使える要素。狙った深さと高さにサービスを出すことで、相手レシーバーを後ろにさげることができ、そこからの攻撃を組み立てることができる。

POINT ③ 正確なサービスが 戦略の柱となる

サービスからの戦略は、まずサービスを出す選手が狙ったところに正確なサービスを打つことが条件。そのサービスに対して、相手のレシーブコースをいくつかに限定して、三球目の攻撃を仕掛けていくことが戦略の柱となる。

プラスワン +1 アドバイス
ミドル付近に構える 相手に自由なレシーブをさせない

相手レシーバーは、サービスがどこにきても対応できるポジションであるミドルに構えることが多い。したがって少しでもサービスが浮いたり、甘くなれば攻撃的なプッシュで打ち込んでくる。そうならないためにもギリギリのコースを狙える技術が大切だ。

21

POINT
コツと連動して動作のなかでの注意点・ポイントをアドバイス。

プラスワンアドバイス
コツをマスターするためのポイントを紹介している。練習に取り組む際には、常に意識しよう。

CONTENTS

※本書は 2015 年発行の『試合で勝てる！バドミントン ダブルス　最強の戦略』を元に加筆・修正を行っています。

PART 1

バドミントン
ダブルスの戦術

スピード主体のゲームを戦術で制する

バドミントンのダブルスはスピード全盛で、攻撃を全面に押し出す展開が主流となっている。特に男子はラリーが短いのでパワーはもちろん、決定打を打つための展開に導く戦術がカギを握る。

戦術の裏付けとなるのが、基本的な技術であり、ショットだ。特にサービスはダブルスのゲームにとって大事な要素で、1球目となるサービスの精度が、その後のラリーやゲームの勝敗に直結する、といって

も過言ではない。

ラケットなど道具の進歩により、スマッシュのスピードが速くなり、バドミントンのプレーのスピード化に拍車がかかっている。選手もプレースタイルに合ったトレーニングを導入した結果、選手の対応力も年々あがっている。

つまり、ある程度のディフェンス力があって、スピードあるショットに対しての守備ができないとラリーすらできない状況が出

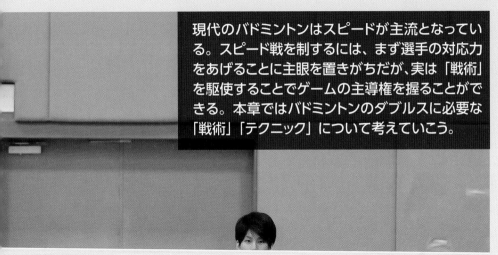

現代のバドミントンはスピードが主流となっている。スピード戦を制するには、まず選手の対応力をあげることに主眼を置きがちだが、実は「戦術」を駆使することでゲームの主導権を握ることができる。本章ではバドミントンのダブルスに必要な「戦術」「テクニック」について考えていこう。

てくるのだ。スイング自体を小さくし、次の準備を速くするなどコンパクトにスピードに対応するテクニックを身につけていないと、試合に勝利することはできない。

特に高いレベルでバドミントンの試合をするなら、クオリティーの高い技術、その技術を生かす戦術パターン、相手の出方や試合状況を見て対応する、戦術眼と考える頭がないと勝てない。「考える」ということは、上のレベルにあがればあがるほど必要な要素で、テクニックや体の強さだけで勝つのは、ある程度のレベルだ。

高校レベルは勝てていたにも関わらず、大学に入って苦戦するような選手は、力や技術に頼るあまり、「考える力」に乏しいことがある。中学や高校時代からしっかり考え、頭を使ったバドミントンをする選手は、さらに高いレベルでプレーしてもぐんぐん伸びる傾向がある。

カテゴリー別に強いペアをつくる

バドミントンのダブルスには「男子」「女子」「ミックス」のカテゴリーがある。男子ダブルスの場合、シャトルをできるだけあげないように、コンパクトでスピィーデーな試合展開が主流。前衛と後衛の役割を決めて戦う傾向がある。

一方の女子ダブルスはラリーが長く、ラリーで相手を崩して自分たちの攻撃の形に持っていくかが勝利のポイントになる。男子ダブルスとは違い、シャトルをあえてあげて相手を動かし、コートをいかに大きく使うかが戦術のカギとなる。いかに我慢してラリーできるか、粘り強い体力があるかが女子で勝てるプレースタイルだといえる。

ミックスダブルスは、世界的には主要な種目としてとりあげられている。日本でも注目されてはいるが、ミックスダブルスを専門とするペアの数はまだまだ少ない。海外の試合でも即席ペアでのぞむ傾向があり、戦術的にもまだまだ練られていない部分がある。

ペアの技術、成熟度によっては戦術を取り入れ、高いレベルに挑戦することができる。

スピードに対応する読み＝戦術

　ラケットなど道具の進歩により、シャトルのスピードが速くなっていっている。メーカーが行った実験では、スマッシュの最大初速が500km/h近くを記録するラケットもあるほどで、ますますスピード化に拍車がかかりそうだ。

　選手たちもトレーニングを重ね、体の使い方を工夫しスピードへの対応力を高めようとしている。スイング自体をコンパクト化し、打った後の体勢も崩れないようにすることで返ってくるシャトルへの対応力を高めようとしているのだ。しかしスピード化への準備や対策は、ある程度のレベルまでいくと限界に達する。

　そのためには相手のシャトルが「どこに飛んでくるのか」「どこに打たせるのか」という先読みや戦術が大切になる。トップレベルで活躍しているバドミントンの選手は、基本的な技術に加え、考える力が備わっている。

ダブルスに特化したペアをつくる

バドミントンのダブルスの戦術のカギは、前衛が握るといってもいいだろう。仮にスマッシュが強い2選手がペアを組んでも、スマッシュ自体を打てるパターンに持ち込めなければ試合では活躍できない。ペアにスマッシュを打たせるために、相手の苦しいところへ打ち、チャンスをお膳立てできる技術を持った選手がいなければならないのだ。

特に前衛でのプレーを得意とする選手は少ない。ダブルスに専念するよりも、シングルスで実績を積むことが求められるため、コート前方に落とす技術よりも、コート後ろで打ち合うテクニックが優先されるからだ。

ダブルスで結果を残すためには、能力のある前衛をつくることが大切。前衛はもちろん、後衛もプレーを磨き、それぞれのスキルを高めることで「戦術」を実行できる強いペアをつくることができる。

フットワークを駆使してシャトルを拾う

後衛はフットワークに長けた粘り強く、速いスマッシュが打てることが大切。前衛が攻撃的で「前に出ていくタイプ」の選手である一方、後衛は粘り強くシャトルを拾い、チャンスとなればスマッシュを打てる身体能力の高さが求められる。バドミントンの選手のなかでは潜在的に「後衛タイプ」の選手が多いので、活躍するためには技術的に高いレベルが求められる。大学のトップチームでも監督が適性を見極め、前衛・後衛を決めていく。

ペアのスタイルや相手に合わせて戦術を練ることも大切。例えば相手前衛に特化した力があるなら、シャトルをあげて後衛との打ち合いに持ち込むことも有効。得意のトップアンドバックにさせない状況をつくり、ラリー展開で互角以上に打ち合える技術と体力が後衛には求められる。

サービスからの戦術を練る

　サービスに関しては、ショートサービスを軸にロングサービスを混ぜることで戦術の幅が広がっていく。ショート、ロングともに精度の高いサーブを打つことが理想だが、まずショートサービスを狙ったところに打てることが大切だ。

　練習でただ漫然とサービスを出しているだけの選手がいるが、このような意識では試合で狙ったところにサービスできない。まずは自分が狙ったところにサービスを出し、それに対して相手がどのコースに打ち返していくか、反応を見極めることが「考える」ことにつながる。

　サーブレシーブや守備に関しても、基本技術があることが大前提だが、ラリー展開のなかでディフェンスからオフェンスに切り替わるための戦術を身につけていくことが大切だ。

　スマッシュへの対応力をあげるだけでは、スピードがあがればあがるほど返すコースも限られ、相手ペアにとっては得点チャンスとなってしまうからだ。

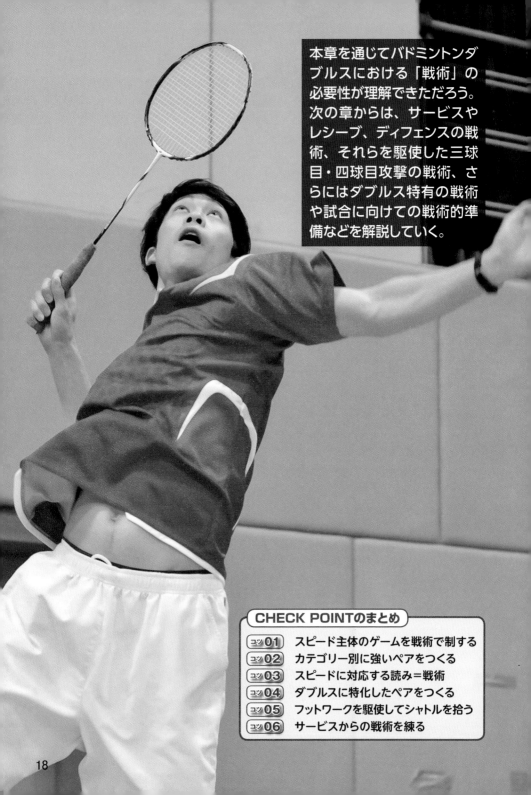

本章を通じてバドミントンダ
ブルスにおける「戦術」の
必要性が理解できただろう。
次の章からは、サービスや
レシーブ、ディフェンスの戦
術、それらを駆使した三球
目・四球目攻撃の戦術、さ
らにはダブルス特有の戦術
や試合に向けての戦術的準
備などを解説していく。

CHECK POINTのまとめ

コツ**01**	スピード主体のゲームを戦術で制する
コツ**02**	カテゴリー別に強いペアをつくる
コツ**03**	スピードに対応する読み＝戦術
コツ**04**	ダブルスに特化したペアをつくる
コツ**05**	フットワークを駆使してシャトルを拾う
コツ**06**	サービスからの戦術を練る

PART 2

サービスの戦術

サービスの戦術的な意図を理解する

ショートサービスとロングサービスを使い分ける

　試合はサービスではじまる。まずサービスをどこに打つかで相手ペアがレシーブし、そのレシーブコースを読んで限定することで、ひとつの戦術が成り立つ。

　ダブルスのゲームの場合、シングルスよりもサービスコートの奥行きが広いため、ショートサービスが基本となるので、ショートサービスを軸に戦術を構築しよう。

　とはいえショートサービスだけでは、相手に戦術を読まれたり、悪いリズムを変えることができない。そのような状況を打破するのがロングサービスだ。

　どちらも同じフォームで精度の高いサービスを出せることが、試合を有利に進められるポイントになる。

　まず1カ所でも良いので、正確にサービスを出せるポイントをつくる。そこを軸に戦術を立てることができる。

POINT ① ショートサービスは バックハンドで出す

ショートサービスのメリットは、コンパクトなスイングから精度の高いサービスを出せる点だ。多くの選手がバックハンドで打つのは、相手にラケット面の動きからコースを読まれないため。相手プッシュを警戒しつつ、ネットギリギリの高さを狙う。

POINT ② ロングサービスで 相手レシーブの読みを外す

ロングサービスは相手の攻撃的なプッシュをかわしたり、レシーブの読みそのものを外すためにも、駆け引きで使える要素。狙った深さと高さにサービスを出すことで、相手レシーバーを後ろにさげることができ、そこからの攻撃を組み立てることができる。

POINT ③ 正確なサービスが 戦術の柱となる

サービスからの戦術は、まずサービスを出す選手が狙ったところに正確なサービスを打つことが条件。そのサービスに対して、相手のレシーブコースをいくつかに限定して、三球目の攻撃を仕掛けていくことが戦術の柱となる。

プラスワン +1 アドバイス

ミドル付近に構える 相手に自由なレシーブをさせない

相手レシーバーは、サービスがどこにきても対応できるポジションであるミドルに構えることが多い。したがって少しでもサービスが浮いたり、甘くなれば攻撃的なプッシュで打ち込んでくる。そうならないためにもギリギリのコースを狙える技術が大切だ。

相手レシーブを読んで三球目に決める

サイド　ミドル　センター

サービスコースを打ち分けて、相手レシーブを待ち受ける

　サービスで狙うコースは三つしかない。センターラインよりの「センター」、外に向かって「ミドル」「サイド」へと広がる。

　トップレベルでプレーする選手に、それぞれのコースにサービスを出した場合、レシーブを返すコースに傾向がある。

　つまり、**サービスでコースを正確に狙うことができれば、相手レシーブのコースを読んで、次の攻撃に備えることができる。**

　どのコースにサービスを出すか、事前に味方ペアと情報を共有することで三球目攻撃の精度があがってくる。

　本書では日本体育大学バドミントン部の協力を得て、三つのコースにサービスを出した場合のレシーブの返球コース（第一希望、第二希望ごとに）データ化した。次ページからはサービスのコースに対してのレシーブが返ってくる傾向を確認していこう。

POINT ① センターへのサービス

センターへのサービスは、レシーバーがコートの8か所にレシーブする傾向がある。第一、第二返球傾向を合わせると高い確率でコート中央のネット付近へレシーブしてくる。

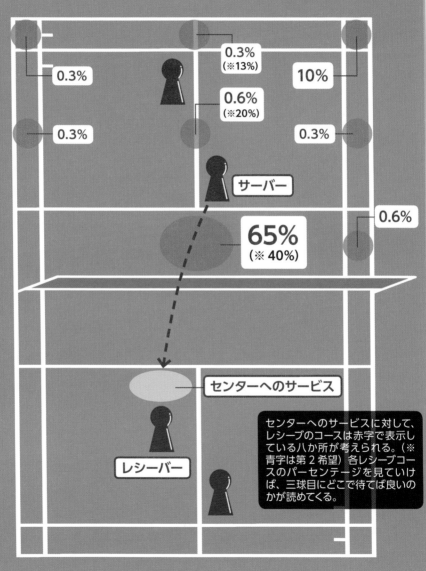

0.3%

0.3%
(※13%)

10%

0.6%
(※20%)

0.3%

0.3%

サーバー

0.6%

65%
(※ 40%)

センターへのサービス

レシーバー

センターへのサービスに対して、レシーブのコースは赤字で表示している八か所が考えられる。(※青字は第 2 希望) 各レシーブコースのパーセンテージを見ていけば、三球目にどこで待てば良いのかが読めてくる。

23

ミドルへのサービスは、レシーバーからみて中央から左エリアにレシーブが集まる。六ヶ所あわせると、全体90%近くを占める傾向がある。クロスへのレシーブは少ない。

0.3%

13%

10%
(※16%)

13%
(※20%)

0.3%

サーバー

19%
(※16%)

35%
(※20%)

0.3%

ミドルへのサービス

レシーバー

POINT ③ サイドへのサービス

サイドへのサービスは、レシーバーからみて左エリアの三か所に84%のレシーブが集まる。サイドにサービスが決まった場合は、高い確率でこのコースで三球目攻撃を狙える。

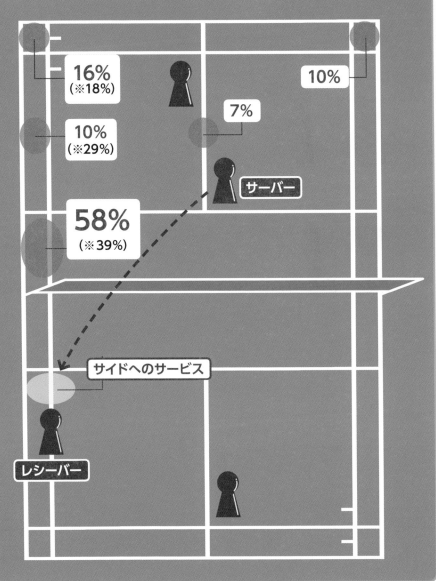

16%
（※18%）

10%

10%
（※29%）

7%

サーバー

58%
（※39%）

サイドへのサービス

レシーバー

サービスのコートが変わってもサービスのコースによっては、レシーブコースに傾向がある。数値を確認してサービス後の三球目攻撃の読みに生かそう。

センターへのサービス

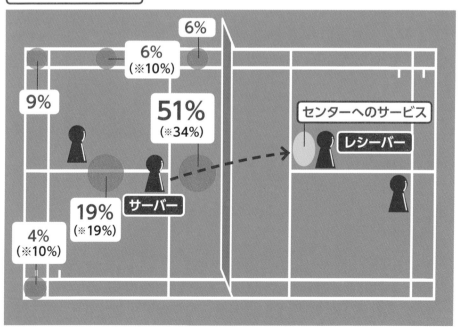

6%

6%
（※10%）

9%

51%
（※34%）

センターへのサービス

レシーバー

19%
（※19%）

サーバー

4%
（※10%）

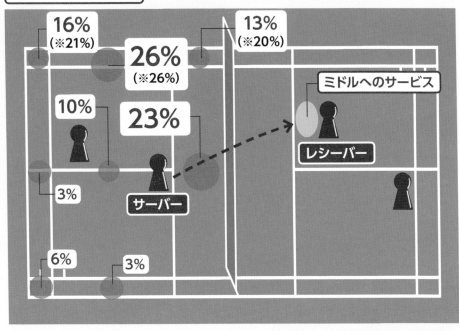

ミドルへのサービス

16%
(※21%)

26%
(※26%)

13%
(※20%)

23%

10%

3%

6%

3%

ミドルへのサービス

レシーバー

サーバー

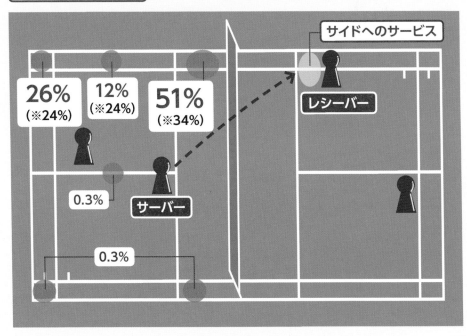

サイドへのサービス

26%
(※24%)

12%
(※24%)

51%
(※34%)

0.3%

0.3%

サイドへのサービス

レシーバー

サーバー

ロングサービスで相手の読みを外す

サイド　ミドル　センター

ロングサービスを織り交ぜることで相手の強いプッシュを回避する

　ロングサービスはエンドラインまで高い軌道で飛び、ラインの真下に垂直で落ちるようなサービスが理想的。

　特に攻撃的な試合展開が多く、レシーブで強いプッシュを打ってくる男子ダブルスでは、**ショートサービスに加えてロングサービスの打ち分けすることで、相手のサービスに対する読みやレシーブのリズムを崩すことができる。**

　サービスで狙うコースは、ショートサービスと同様に三つ。センターラインよりの「センター」、外に向かって「ミドル」「サイド」へと広がる。

　コートが変わっても、ピンポイントで狙えることが大切。また相手を後ろにさげる高さも成功のコツ。少しでも甘くなれば、相手が自由にスマッシュを打ってくる。

コート後方にサービスを出すロングサービスにも「センター」「ミドル」「サイド」のコースが左右コートにある。レシーバーがロングを警戒していたか、ショートサービスの逆をついたかでスマッシュのコースがA～Iに変わる。

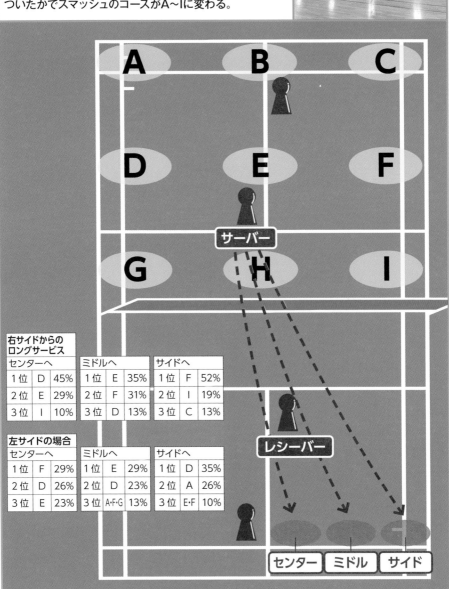

A B C

D E F

サーバー

G H I

レシーバー

右サイドからのロングサービス

センターへ			ミドルへ			サイドへ		
1位	D	45%	1位	E	35%	1位	F	52%
2位	E	29%	2位	F	31%	2位	I	19%
3位	I	10%	3位	D	13%	3位	C	13%

左サイドの場合

センターへ			ミドルへ			サイドへ		
1位	F	29%	1位	E	29%	1位	D	35%
2位	D	26%	2位	D	23%	2位	A	26%
3位	E	23%	3位	A・F・G	13%	3位	E・F	10%

センター ミドル サイド

正確にサービスを出せるポイントをつくる

狙ったところに精度の高いサービスを出せる力をつける

狙ったところにサービスが正確に打てるようになれば、相手レシーブのコースはある程度、限定できるので三球目以降の攻撃が組み立てやすくなる。サービスの精度が高ければ、相手レシーブを先読みして待つことができる。

しかしサービス自体が狙ったコースに飛ばなければ、戦術は意味をなさなくなってしまう。まずは「センター」「ミドル」

「サイド」のうち一か所でも精度の高いサービスが出せるポイントを自分のなかでつくることが大切だ。

そうすることで、そのサービスを軸にした攻撃パターンを組み立てることができる。緊張した場面、競った試合展開でも正確に同じコースにサービスが出せるよう、粘り強く練習してマスターしていこう。

常に同じフォームでサービスを打つ

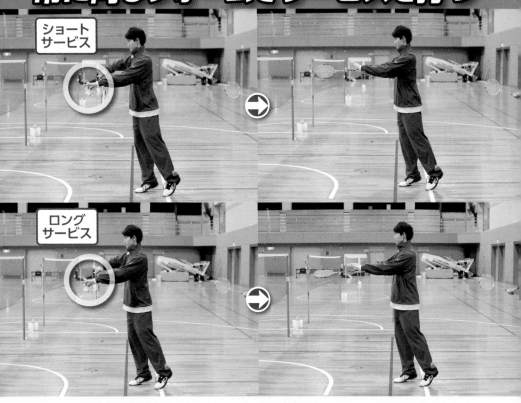

ショート
サービス

ロング
サービス

同じフォームでコースや高さを打ち分ける

　ショートサービスの場合、バックハンドから微妙な手首や面の調整でサービスのコースを打ち分けていくスタイルが主流。フォアハンドからサービスを打つ選手は、精度が落ちるため、ほとんどいないといっていいだろう。

　サービスを打つときは、構えはもちろん、インパクトに入るまで常に同じフォームで打てることが大切だ。サービスの

コースによってフォームが変わってしまっては、相手に読まれてしまう。

　またショートサービスとロングサービスの打ち分けにおいても、同じフォームから打てることが理想。そうすることでショートサービスとロングサービスの戦術的な価値が変わってくる。

レシーバーの構えの逆をつく

ミドル・センターの構え　ミドル・サイドの構え　ロングの構え

レシーバーの構えを見て相手の読みを外すサービスを出す

　レシーバーはサービスに対して受け身ではあるが、コースを読んだり、立ち位置を変えるなど工夫して攻撃なショットが打てるよう準備している。

　サーバーは、レシーバーの構えや手の形をじっくり観察することで、相手の読みや狙いを把握することも大切だ。

　特に強いレシーブでプッシュを打たれると、サービス側は守勢にまわってしま

う。フォアハンドでプッシュを狙っているようならバックハンド側にサービスを出したり、ロングサービスに切り替えるなども有効な戦術。

　逆にロングサービスを出した後に、相手レシーバーの意識がスマッシュにありそうなら、ネットぎりぎりで前に落とすショートサービスが効いてくる。

ネットぎりぎりの高さに打つ

シャトルを極力浮かせない効果的なサービスを出す

　サービスを出すときに警戒しなければならないのは、相手の強いレシーブだ。特にプッシュは、すばやいタイミングでレシーバーが反応し、強打してくるレシーブなので打たせたくないショットだ。

　サービスがちょっとでも浮いてしまうと、相手にプッシュを打たれてしまうので注意。**ネットぎりぎりの高さを狙ったサービスが出せるように、しっかりコン**

トロールしよう。そうすることで多少コースが甘くなっても、即失点につながることは少ない。

　サービスの勢いはネットを越えたところで、シャトルが下向きに落ちる強さが理想。その感覚が身につくようにサービス練習を繰り返してマスターしていく。

コースを打ち分けて裏をつく

センターへのサービス　　サイドへのサービス

センター中心のサービスからサイドに変えて裏をつく

　レシーバーはどのコースにも対応できるよう「ミドル」位置に構えるのがオーソドックスなスタイルだ。したがって「センター」へのサービスは相手レシーバーにとっては利き腕と反対側のコートにいる場合、フォアハンドでのショットとなる。「ミドル」へのサービスは体に向けて飛んでくるシャトルをレシーブする形になる。

　戦術的にはこの二つのコースに重点的にサービスを出し、相手レシーバーの意識をセンター寄りに集めることで、一転して「サイド」へのサービスが効果的になる。サイドへのサービスを使うタイミングと使ったあとのサイドへのレシーブの対応を見ながら、コースの打ち分けをしていくことで試合を有利に進めることができる。

サービスのリズムを変える

サービスを打つタイミングを変えて相手を惑わす

　バックハンドからのサービスは、コンパクトなフォームで精度の高いサービスを出せることに利点がある。

　相手の構えを見ながら、**サービスを出すタイミングを微妙に変えることで、レシーバーのリズムを狂わせたり、惑わすことができる。**

　構えてから常に同じタイミングで打つのではなく、少し長くシャトルを持って

から打ったり、相手が気を抜いているようなら早いタイミングでサービスを出すことも効果的な戦術だ。

　サービスのコースを読み切れず、レシーバーが迷っているようなら積極的に早いタイミングでサービスを出して得点パターンに導こう。打ち急ぐあまりコントロールミスをしないように注意。

サービスのルール

　ダブルスのサービスの順番は、得点が偶数のときは右側にいるプレーヤーからサービスを出し、奇数の場合は左側にいるプレーヤーからサービスを行う。サービスからラリーに勝った場合は、同じ選手が左右を変えてサービスを続ける。

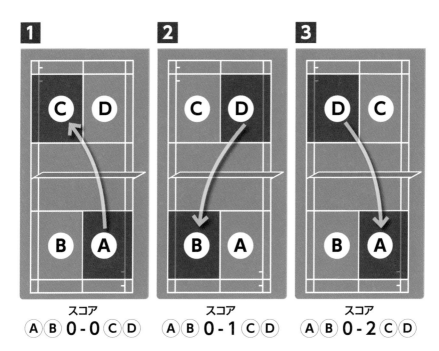

1 スコア
Ⓐ Ⓑ 0 - 0 Ⓒ Ⓓ

2 スコア
Ⓐ Ⓑ 0 - 1 Ⓒ Ⓓ

3 スコア
Ⓐ Ⓑ 0 - 2 Ⓒ Ⓓ

サービスの順番はA→D→B→Cとなる。**1**ではAがサービスを打ち、CDペアが決めて1点が入る。**2**で得点が入ったCDペアにサービス権が移り、Dがサービスを打ってラリーの後にCDペアが再度得点を決める。**3**反対のサービスエリア（コート）に替わってDが再度サーブを打つ。

PART 3

レシーブからの戦術

サービスのコースを読んでプッシュで返す

ショートサービスをプッシュで強打する

　レシーブする側はどうしても受け身となってしまい、安易にシャトルを高くあげてしまったり、ネットを越えて前に落とすパターンになりがちだ。しかし、それでは相手ペアにレシーブを読まれて、三球目攻撃で決められてしまう。

　サービスの戦術で解説したように、ショートサービスの狙いどころは三か所に絞られる。この三か所のすべてにサービスを打ち分けられる選手はトップ選手に限られる。**裏を返していうならどのコースにも対応できるプッシュを持っていれば、レシーブから主導権を握ることができるのだ。**

　とはいえプッシュのコースが甘くなれば拾われてしまう。相手サーバーが勢いに押されてしゃがみ込むぐらいの勢いで、狙ったところに打てるよう練習しよう。

POINT ❶ バックハンドで プッシュを打つ

バックハンド側でもプッシュを打てることが大切。バックハンドでのプッシュがないと判断されれば、相手はそこをついてくる。コンパクトなスイングから親指で押し込むようにラケットを振ると、鋭く角度のあるショットが打てるようになる。

POINT ❷ プッシュが打てる タイミングを読む

プッシュが繰り出せるのは、相手サービスがネットより高く浮いているシャトルに対し、体の前で打てる場面だ。どのコースにサービスが飛んでくるかの読みとすばやいフットワークが必要なので、相手サーバーのラケットの動きをよく見て判断しよう。

POINT ❸ プッシュが持つ 戦術的な意義を考える

強いプッシュがある、ということはサーバーにとって大きなプレッシャーだ。一度決められたコースには、安易にサービスを出せなくなるので、得意ではないコースにサービスを出したり、ロングサービスに切り替えるなど、レシーブ側が主導権を握ることができる。

プラスワン +1 アドバイス

サーバーがしゃがみ込むほど 強く打ちこむ

フットワークを使って、勢いよくサービスに詰めてプッシュを打つことが成功のカギ。サービスのコースを読まれたサーバーは、強烈なプッシュに対応できないのでしゃがみ込んでしまい、後衛のペアに三球目を任せるしかない。このような状況をつくることがプッシュの狙いだ。

コースを狙ってヘアピンで返す

狙ったコースに打って三球目攻撃を回避する

相手のサービスがネットぎりぎりで飛んでくれば、思い通りのプッシュで攻撃的なショットを打つことは難しい。

バドミントンのダブルスは、シャトルをなるべく上にあげない攻撃的スタイルが主流となっているので、安易にシャトルをあげて返せば、相手の三球目攻撃に決められてしまう。そういう意味で低く前に落とすヘアピンは効果的なレシーブ

となる。

相手サーバーの三球目攻撃を回避するコースに、ヘアピンのレシーブを前に落とすことでラリーの展開に持ち込むことができる。

狙うコースはストレートとクロスの二か所だが、フォアハンドとバックハンドの両方で高い精度のレシーブができないと戦術的には使えない。

POINT ① バックハンドでヘアピンを打つ

平らにしたラケット面の上に、シャトルを乗せて切るように打つ。前足をシャトルに対してしっかり踏み込み、返すコースにラケットを振っていくことがポイント。

POINT ② フォアハンドから相手コートのコースに打ち分ける

相手コートぎりぎりのところに落とすような軌道でシャトルを切る。ストレートとクロスに打ち分けられると、レシーブからの攻撃的な展開になる四球目攻撃が可能になる。

41

苦手なサイドをついて優位に立つ

利き腕が右か、左かでレシーブの狙いどころが変わる

　相手ペアの利き腕が、どちらかを把握することが大切だ。特にサーバーの後ろにいる後衛の利き腕は、レシーブからの展開を組み立てるうえで重要なポイントだ。

　なぜなら後衛からの強いショットは、フォアハンドからのスマッシュが基本。したがって**サーブレシーブでシャトルを後ろにあげる場合は、後衛のバックハンド側を狙うことで強いスマッシュを回避することができ**る。

　プッシュの攻撃的なショット、ヘアピンの前に落とすショットに加えて、シャトルをあげるテクニックを使えれば戦術的にも優位に立てる。

　レシーブ側としては、相手の後衛を走らせつつ、前衛のプッシュも封じることができる効果的なパターンとなるので、積極的に狙ってみると良いだろう。

POINT ① バックハンドを狙って レシーブから攻撃に転ずる

サービスチームの後衛のバックハンド側は、レシーブでは狙いどころ。前衛のラケットが届かない軌道で、サイドぎりぎりにあげることができれば、相手後衛は、追いつくのが精一杯でアンダーハンドの守備的なショットしか打てなくなり、四球目のチャンスがやってくる。

プラスワン +1 アドバイス

利き腕を把握して バックハンドを狙う

サービス側の後衛バックハンドが狙いどころであることは、左右の利き腕が違っても変わらない。試合前にしっかり調べて、対策を練っておこう。逆に準備をしないことで、用意していたプランが全く使えないことも起こりうる。そのような初歩的なミスは避けよう。

43

ネットインを狙う

ネットインしたシャトルは相手は拾えない

トップ選手となると、ネットの白帯に当てて相手コートに落とすぐらいのレシーブの精度を持っている。

ネットインしたシャトルに対し、相手ペアは対応することが難しく、失点したことによる心理的ダメージも与えることができる。

シングルスの試合では必要ないが、前衛と後衛がポジションを分業するダブルスでは、それほど精度の高いレシーブが求めら

れる。

シャトルに対してしっかり踏み込み、スピンをかけていくことで微妙なコントロールが可能になる。相手のいないコースを狙うことが理想だが、あくまでネットぎりぎりの高さを狙うことをイメージしよう。

難しいテクニックなので、練習を通じて何度もトライして、勝負どころで使えるよう身につけよう。

PART 4

ディフェンスの戦術

高いレシーブ力でラリーを制する

シャトルを拾ってつなぎチャンスをうかがう

　はやい展開で得点が決まるダブルスでは、どうしても「攻撃」に目がいきがち。しかしある程度の守備力を備えていないと、相手の攻撃的なスマッシュやプッシュを跳ね返せず、ゲームが終わってしまうことになりかねない。

　最低限の守備力とは、コート上のあらゆる場面で対応するためのショットであり、「ロング」や「ドライブ」「ショート」などがあげられる。

　これらショットの精度が高ければ、相手攻撃を回避しつつ、ラリーの展開のなかで攻撃に転ずることもできる。

　またラリーでは、ただ相手のいないところに打つだけでなく、相手ペアの特徴や戦術的な意味を考えたうえでプレーすることが大切。そうすることで、一つひとつのプレーが伏線となり、ポイントを獲る場面にいかすことができる。

POINT ① ロングで高く 遠くに飛ばす

　相手スマッシュを打ち返すレシーブテクニックのひとつに「ロング」がある。ロングは相手ペアの頭上高く、遠くにシャトルを飛ばすテクニック。シャトルが高く浮いている状況ですばやく体勢を整えて、次の相手スマッシュを待ち受けることが大切だ。

POINT ② ドライブで 相手前衛の横を抜く

　「ドライブ」は、もっとも攻撃的なレシーブテクニックで守備から攻撃に転ずることができるショットだ。角度がない軌道のショットに対して、相手前衛の真横を抜くように打つことが効果的。ネットぎりぎりの軌道で打ち抜くイメージを持とう。

POINT ③ ショートで相手コートの 前に落とす

　「ショート」は相手コートの前に落とすテクニック。クロスのショットはストレートに、ストレートのショットはクロスに返すことが基本だ。相手の攻撃的なショットを回避するためにもネットを越えてから、すっと落ちる軌道で打てると良いだろう。

プラスワン +1 アドバイス

スマッシュのレシーブは 左右のコースに打ち分ける

相手スマッシュを打ち返す技術としては、ロングとドライブ、ショートの三段階がある。しかし、ただ返すだけでは、相手の前衛にプッシュを決められてしまう。相手の読みの逆をつくコースにコントロールする、左右のコースへの打ち分けも必要になる。

高く遠くに飛ばして体勢を整える

❶相手のスイングをよくみて構えに入る。

❷リストスタンドしながら小さくバックスイングする。

❸ヒジを伸ばしてコンパクトにスイングする。

❹シャトルを打ちあげたら、体勢を整えて次のプレーに備える。

守備から一転して攻撃する

❶相手のスイングをよくみて構えに入る。

❷シャトルに対して、体勢を低くしてリストスタンドをとる。

❸インパクトの瞬間、手首を返して押し出すように打つ。

❹シャトルを打ちあげたら、体勢を整えて次のプレーに備える。

相手コート前に落としてチャンスをつくる

❶相手のスイングをよくみて構えに入る。

❷リストスタンドしながら小さくバックスイングする。

❸ヒジを伸ばしてコンパクトにスイングする。

❹シャトルを打ちあげたら、体勢を整えて次のプレーに備える。

返球コースを意識して打つ

コースを打ち分けてチャンスをうかがう

スマッシュは攻撃的なショットであり、スマッシュを打っている相手ペアにラリーの主導権がある。**レシーブする側は、守勢にまわらざるをえないがチャンスがあれば攻撃に転じられるショットを打つ必要がある。**

相手スマッシュを打ち返す技術としては、ロングとドライブ、ショートなどのショットがある。これらでただ返球するだけでは、

相手の前衛にプッシュを決められてしまう。

相手の読みの逆をつくコースにコントロールする、左右のコースへの打ち分けが必須。それぞれのショットでできるようレベルアップしよう。

相手ペアのトップ・アンド・バックの形を崩すことができれば、ラリーの主導権はイーブンになり、攻撃に転じることができる。

スマッシュ後にプッシュで決める

チャンスボールが返ってきたらネット際へダッシュする

　コート上に二人の選手がスペースをうめているダブルスの試合では、スマッシュがそのまま決まり、ポイントになる展開は少ない。スマッシュを拾われ続ければ、逆に後衛はスタミナを消耗し、ペアのフォーメーションにも狂いが生じてしまう。

　スマッシュがある程度、良い体勢で打つことができれば、**スピードに押された相手の返球も甘くなり、チャンスがやってくる。**

そこで**ネット際に走り、浮いたシャトルをプッシュで決めるパターンも構築しておく**と良いだろう。

　前衛がプッシュを打つのとは違い、後衛はすばやく後ろから前にダッシュして、プッシュを決めなければならない。走ることで目線が大きく動くので、ミスショットに気をつけてラケットを振っていこう。

チャンスを見極めて
ネット際に走る

自分のスマッシュに手ごたえを感じたら、積極的に前に出る準備をとろう。そうすることで、相手が十分な体勢をとれないところへ、プッシュを打つことができる。ロングを返してきたなら、サイドステップやバックステップを使って、次のスマッシュを打てるよう動く。

POINT ① チャンスボールを確実に決める

浮いたシャトルをプッシュで決めるのは、攻撃の定番ともいえるパターンだ。ただし後衛が前に走って決めるため、やや難易度が高いプレーとなる。ダッシュするときはできるだけ目線が上下しないように動き、コンパクトなスイングでミートを心がければ、大振りしなくてもプッシュは決まる

相手後衛を走らせる

攻撃的な前衛を封じて優位に立つ

　ダブルスは、シャトルを浮かせずスピーディーで攻撃的な展開が主流となっているが、ときにはシャトルをあげる戦術も有効だ。

　ロブは中途半端な高さや深さにならず両サイドを広く使えることがポイント。

　特に相手の前衛が攻撃的で、強いプッシュを持っている場合は、相手後衛を左右に走らせるロブを活用すると良い。そう

することで、相手前衛の攻撃を封じることができ、後衛のスタミナを奪うことができる。

　またゲーム中にリズムを変化させたり、局面を打開するためにも効果的。相手に一方的にリズムを握られている場面では、シャトルをあげて、粘り強くラリーを続けることで流れをこちら側に引き寄せることもできる。

相手前衛を後ろにさげる

相手ペアの得意な形を崩して勝負に出る

　ダブルスの主流となっているトップ&バックのフォーメーションは、コート上に二人の選手が入り、ネット寄りのチャンスボールに対応する前衛と、コート後方でシャトルを拾う後衛に分業されている。

　プレースタイルや必要な技術においても、前衛と後衛では違うため、**トップ&バックが機能しない形に意図的に持っていく戦術は、有効な手段といえる。**

　ラリーで導けるチャンスの形としては、後衛前のネットぎりぎりからサイドに落ちるコースが狙い目。相手後衛が必死に前に出てシャトルを拾ったことにより、空いてしまったコート後方のスペースを埋めるため、相手前衛が後ろにポジショニングするからだ。

　そうすることで前衛の攻撃を封じつつ、相手ペアの得意な形でプレーさせないことでミスを誘う。相手からの返球が甘くなれば、一気に勝負に出よう。

サイドを狙って手前に落とす

ドライブを前衛に
決められるパターン

前衛にプッシュさせずカウンター気味に決める

　相手前衛の攻撃力がある場合は、いかにプッシュを打たせないかがポイントになる。

　プッシュが繰り出されるタイミングとしては、スマッシュに対してのレシーブをドライブで返したところだ。この形になると、相手は前衛がプッシュの体勢に入り、後衛はコート後方のスペースで次の返球を待っている。

　そこで**クロスサイドに鋭角なレシーブを返すことで、相手ペアにとってはカウンターとなって攻撃に転じることができる。**

　ショットの精度とインパクトの瞬間まで、サイドを狙っていることが相手に悟られないことが大切。ラケット面でシャトルの勢いを吸収しつつ、絶妙のコースへシャトルをコントロールしよう。

ロブをあげて粘り強くつなぐ

ロブを続けることで相手に根負けさせる

バドミントンは、最後の1ポイントが決まるまで試合が終わらない競技だ。したがって相手コートに決めることができなくても、相手からのショットを拾い続ければ、負けることがないのだ。

これは攻撃が主流のダブルスにおいて、難しいスタイルではあるが、ゲームの展開によっては、シャトルを拾う技術、つなぐテクニックはとても重要になる。

粘り強くラリーを続けていくことで、相手が根負けしたり、焦りにつながってミスしてくれるとも限らない。 フットワークやスタミナも含めて、「ラリーをつなぐ」ことは戦術的にも大きな価値がある。

スピーディーな動きに
対応できるシューズを選ぼう

　シューズの良し悪しは、プレーのクオリティーを左右する大きなポイント。各メーカーから様々なデザインや機能、性能を持った商品が出ているが、必ず試し履きをして自分に合ったものを購入しよう。

　選ぶ際のポイントは、土踏まずやカカトにフィット感があるか、くるぶしやツマ先があたっていないか、甲がきつくないかという点を踏まえながら実際に履いてみる。

　クッション性のあるものは、履き心地が良い一方で足裏の感覚が鈍くなり重さも増える傾向がある。軽さを追及すると、耐久性が落ちるという面もある。

　試し履きではカカトを合わせてしっかりとヒモを結び、踏み込んだ動きなどにもスムーズに対応できるかどうかを確認しよう。

三球目からの戦術

三球目、四球目でポイントを獲る

サーブ・レシーブ後の攻撃を組み立てる

バドミントンのサービスは、テニスやバレーボールのように相手がボールに触れることもできず、スピードや変化でポイントを獲ることができない。むしろサービスに対してのレシーブのコースを読んで決める、三球目攻撃が大きな得点源となる。

サービスを狙ったところに打てる精度、そのサービスに対して相手がレシーブしてくるコースに対しての読み、読んだコースにすばやく動いて決める決定力が大切だ。

レシーブ側から見ると、相手サービスのコースを読み、相手に三球目攻撃をさせないレシーブが返せた場合は、得点のチャンスになる。その攻撃を四球目攻撃といい、ペアとしてどちらも究めておくことで、得点パターンの構築につながる。ここからは PART2 で解説したサービスに対してのレシーブコースのデータを元に三球目、四球目攻撃を解説する。

POINT ❶ 精度の高いサービスを出す

　サービスからの三球目攻撃を成立させるのは、ずばりサービスの精度だ。狙ったところに打てるコントロールが必須となる。さらに、そのサービスに対してペアも読みを持って動き、相手レシーブに対して先回りするぐらいのスピード感で対応することがポイント。

POINT ❷ サービスの決まった位置でレシーブのコースを読む

　「読み」とはギャンブルでなく、ある程度の経験やデータに基づくものであることが大切だ。サービスがネットぎりぎりの高さで跳び、「センター」「ミドル」「サイド」いずれかのコースにしっかり決まれば、相手レシーブのコースは限定できる。

POINT ❸ 三球目にチャンスがきたら確実にコースへ決める

　レシーブのコースを読めれば、あとは相手コートにシャトルを沈めるだけ。しかし得点を急ぐあまり、無駄な力が入るとミスの要因となる。冷静にコースを見極め、コンパクトなスイングからプッシュやスマッシュを駆使して確実に決められるテクニックを身につけたい。

プラスワン +1 アドバイス

サーバーがしゃがみ込むほど強く打ちこむ

四球攻撃は相手サービスが甘かったり、サービスに対しての対応が上回った結果、チャンスがくるレシーブ側の攻撃パターン。四球目からの逆算で、レシーブをどこに返すかで攻撃チャンスがやってくる。相手のサービスミスに期待せず、積極的に狙ってみよう。

相手へアピンをプッシュで決める

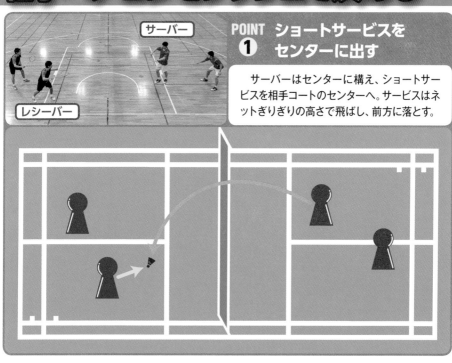

サーバー
レシーバー

POINT
1 ショートサービスを
センターに出す

サーバーはセンターに構え、ショートサービスを相手コートのセンターへ。サービスはネットぎりぎりの高さで飛ばし、前方に落とす。

プラスワン **+1** アドバイス

躊躇せずダッシュして プッシュで決める

ネット際の攻防は、スピード感が大事。相手のヘアピンに対して躊躇せず、サービスを出したらネット際に詰める。

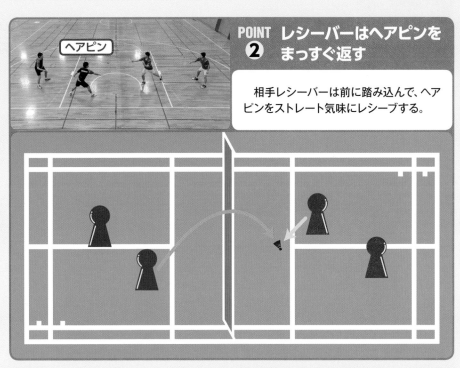

POINT 2 レシーバーはヘアピンを まっすぐ返す

相手レシーバーは前に踏み込んで、ヘアピンをストレート気味にレシーブする。

ヘアピン

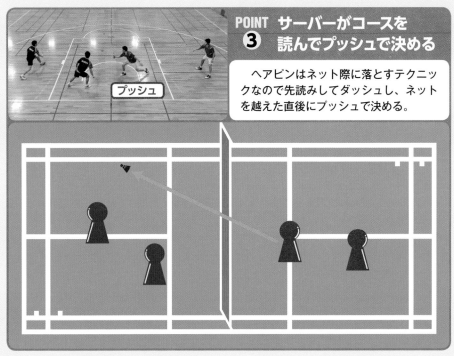

POINT 3 サーバーがコースを 読んでプッシュで決める

ヘアピンはネット際に落とすテクニックなので先読みしてダッシュし、ネットを越えた直後にプッシュで決める。

プッシュ

後衛がストレートに抜く

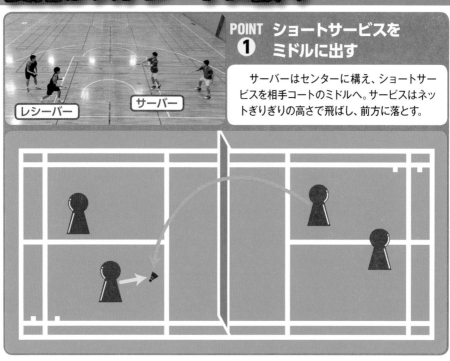

レシーバー　　サーバー

POINT ❶ ショートサービスを
ミドルに出す

サーバーはセンターに構え、ショートサービスを相手コートのミドルへ。サービスはネットぎりぎりの高さで飛ばし、前方に落とす。

プラスワン +1 アドバイス

ペアのサービスに
反応して動き出す

後衛もサーブの正否に関わらず準備しなければならない。事前にサインを決めてサービス狙いを把握しておくことも大事。

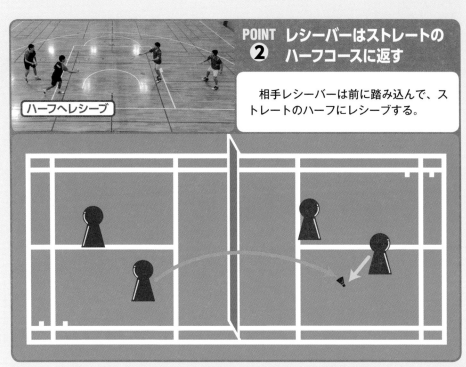

POINT ② レシーバーはストレートの ハーフコースに返す

ハーフへレシーブ

相手レシーバーは前に踏み込んで、ストレートのハーフにレシーブする。

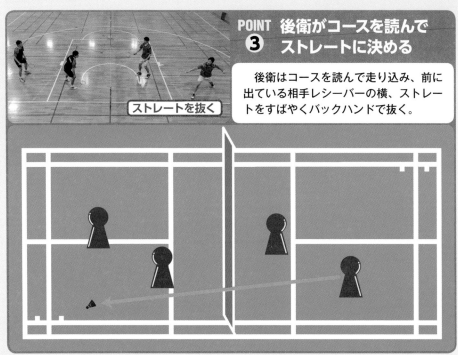

POINT ③ 後衛がコースを読んで ストレートに決める

ストレートを抜く

後衛はコースを読んで走り込み、前に出ている相手レシーバーの横、ストレートをすばやくバックハンドで抜く。

相手プッシュをクロスに決める

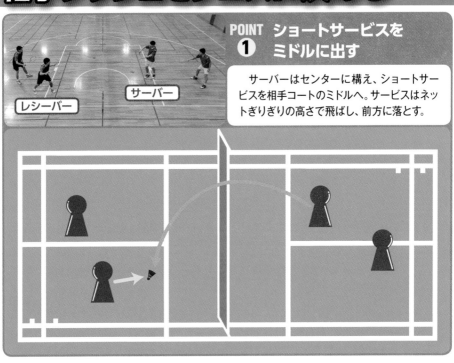

レシーバー　　サーバー

POINT ① ショートサービスを ミドルに出す

サーバーはセンターに構え、ショートサービスを相手コートのミドルへ。サービスはネットぎりぎりの高さで飛ばし、前方に落とす。

プラスワン +1 アドバイス

臨機応変に コースを打ち分ける

同じコースにばかり打っていては、相手に対応されてしまう。ときには意外性のあるコースを狙うことで戦術に幅ができる。

POINT ② レシーバーはストレートに プッシュで返す

相手レシーバーは前に踏み込んで、強めのプッシュをストレートにレシーブする。

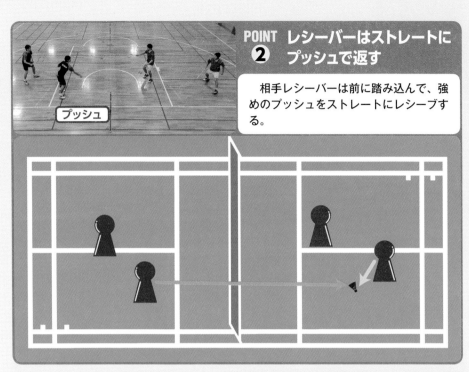

プッシュ

POINT ③ 後衛がコースを読んで クロスに決める

後衛はコースを読んで走り込み、クロスのネット際にシャトルを落とす。

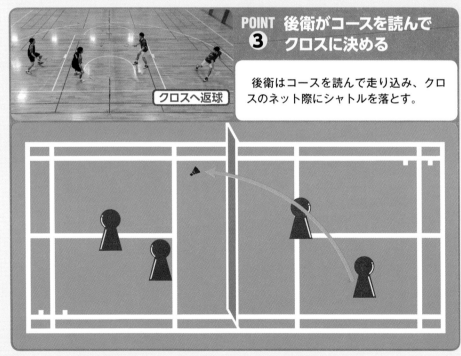

クロスへ返球

サイドへのサービスから攻撃を組み立てる

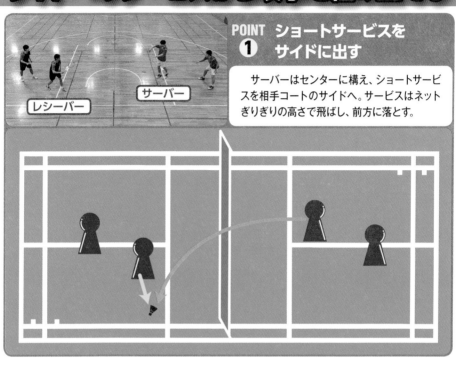

レシーバー　サーバー

POINT ① ショートサービスをサイドに出す

サーバーはセンターに構え、ショートサービスを相手コートのサイドへ。サービスはネットぎりぎりの高さで飛ばし、前方に落とす。

プラスワン +1 アドバイス

サービスを打ち分けて戦術パターンを増やす

サービスは同じコースにばかり打っていては、相手に対応されてしまう。サイド、センター付近も狙って相手の出方を伺おう。

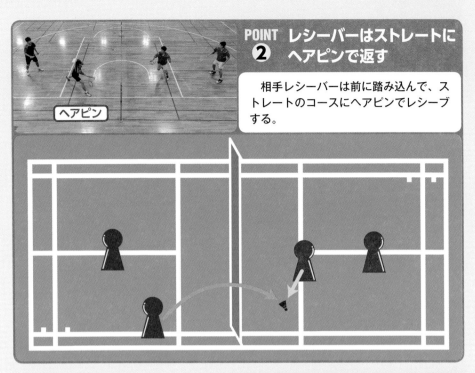

POINT ② レシーバーはストレートに ヘアピンで返す

相手レシーバーは前に踏み込んで、ストレートのコースにヘアピンでレシーブする。

ヘアピン

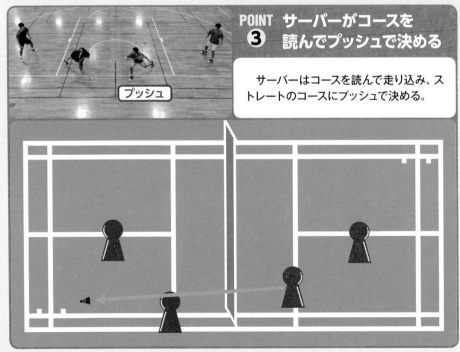

POINT ③ サーバーがコースを 読んでプッシュで決める

サーバーはコースを読んで走り込み、ストレートのコースにプッシュで決める。

プッシュ

後衛が両サイドを抜く

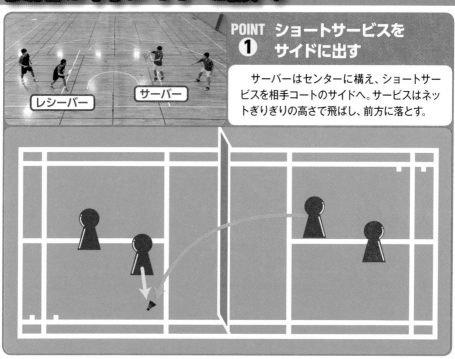

レシーバー　サーバー

POINT ① ショートサービスをサイドに出す

サーバーはセンターに構え、ショートサービスを相手コートのサイドへ。サービスはネットぎりぎりの高さで飛ばし、前方に落とす。

プラスワン +1 アドバイス

角度をつけたクロスへも有効

ときにはクロスのネット際にシャトルを落とすことも有効。正確にコントロールしよう。

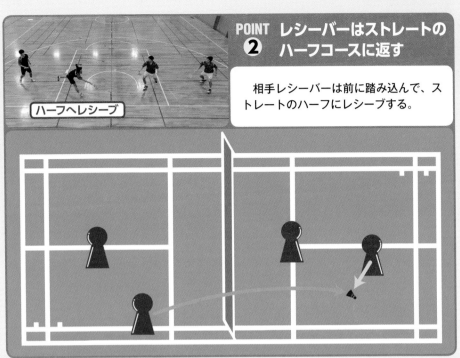

POINT ② レシーバーはストレートのハーフコースに返す

相手レシーバーは前に踏み込んで、ストレートのハーフにレシーブする。

ハーフへレシーブ

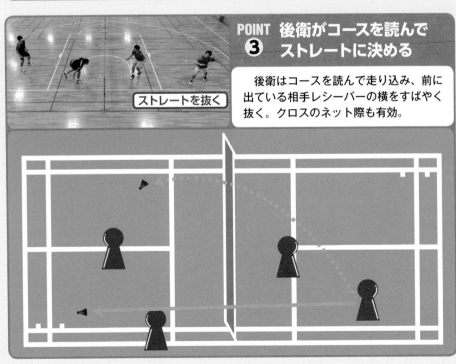

POINT ③ 後衛がコースを読んでストレートに決める

後衛はコースを読んで走り込み、前に出ている相手レシーバーの横をすばやく抜く。クロスのネット際も有効。

ストレートを抜く

相手プッシュをストレートに抜く

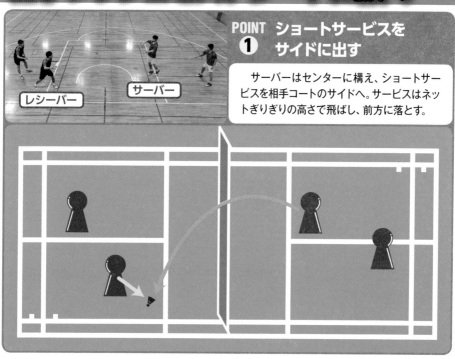

**ショートサービスを
サイドに出す**

サーバーはセンターに構え、ショートサービスを相手コートのサイドへ。サービスはネットぎりぎりの高さで飛ばし、前方に落とす。

レシーバー　　　サーバー

プラスワン +1 アドバイス

相手に拾われない
スピードで打ち抜く

前に出ているレシーバーは、三球目のストレートに対応しきれない。後衛に拾われないスピードと高さで打ち抜こう。

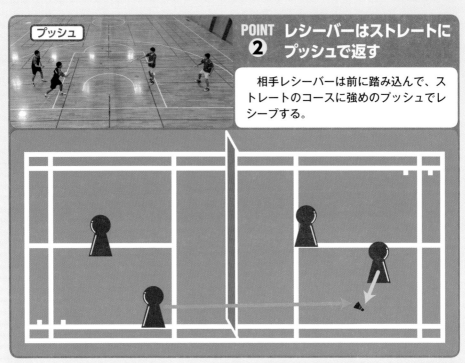

プッシュ

POINT ② レシーバーはストレートにプッシュで返す

相手レシーバーは前に踏み込んで、ストレートのコースに強めのプッシュでレシーブする。

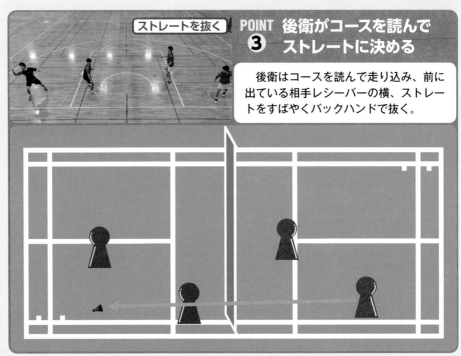

ストレートを抜く

POINT ③ 後衛がコースを読んでストレートに決める

後衛はコースを読んで走り込み、前に出ている相手レシーバーの横、ストレートをすばやくバックハンドで抜く。

ロングサービスで相手を惑わす

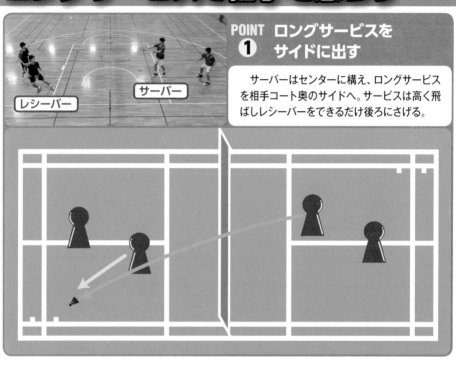

POINT ① ロングサービスをサイドに出す

サーバーはセンターに構え、ロングサービスを相手コート奥のサイドへ。サービスは高く飛ばしレシーバーをできるだけ後ろにさげる。

レシーバー
サーバー

プラスワン +1 アドバイス

クロスに決めることも有効な手段

ときにはクロスのネット際にシャトルを落とすことも有効。正確にコントロールしよう。

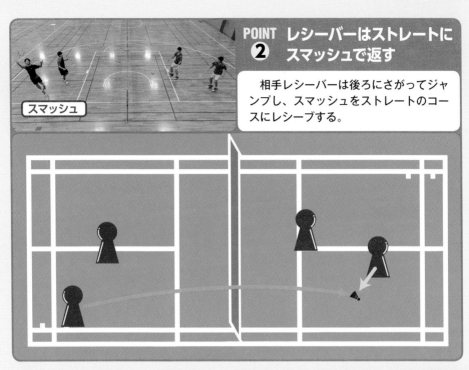

POINT ② レシーバーはストレートにスマッシュで返す

相手レシーバーは後ろにさがってジャンプし、スマッシュをストレートのコースにレシーブする。

スマッシュ

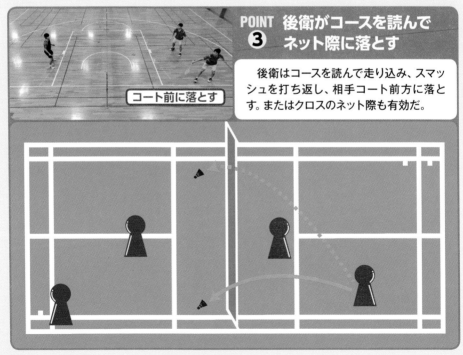

POINT ③ 後衛がコースを読んでネット際に落とす

後衛はコースを読んで走り込み、スマッシュを打ち返し、相手コート前方に落とす。またはクロスのネット際も有効だ。

コート前に落とす

PART 5
コツ38

LEVEL □□□□□

四球目攻撃①

ヘアピンの駆け引きからプッシュを打つ

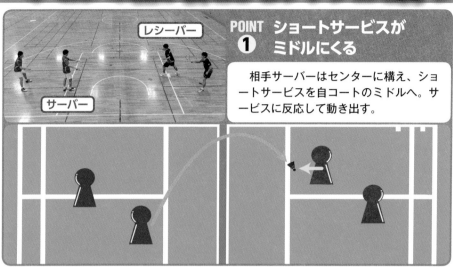

レシーバー

サーバー

**POINT 1 ショートサービスが
　　　　ミドルにくる**

相手サーバーはセンターに構え、ショートサービスを自コートのミドルへ。サービスに反応して動き出す。

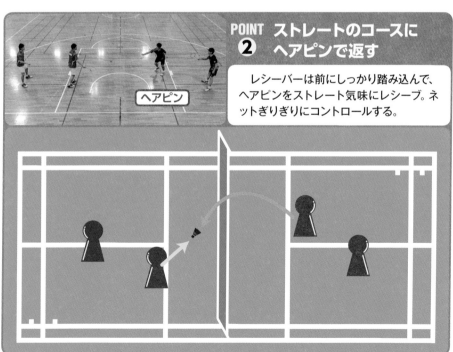

ヘアピン

**POINT 2 ストレートのコースに
　　　　ヘアピンで返す**

レシーバーは前にしっかり踏み込んで、ヘアピンをストレート気味にレシーブ。ネットぎりぎりにコントロールする。

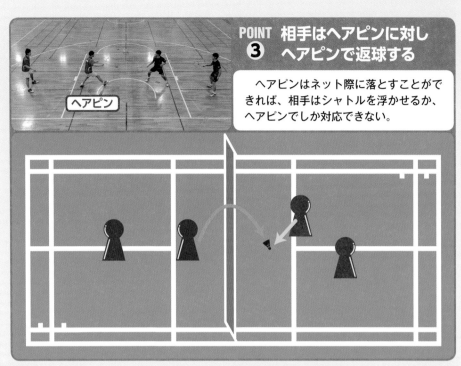

POINT ③ 相手はヘアピンに対し ヘアピンで返球する

ヘアピンはネット際に落とすことがで
きれば、相手はシャトルを浮かせるか、
ヘアピンでしか対応できない。

ヘアピン

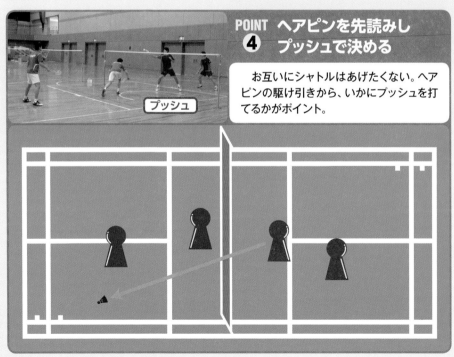

POINT ④ ヘアピンを先読みし プッシュで決める

お互いにシャトルはあげたくない。ヘア
ピンの駆け引きから、いかにプッシュを打
てるかがポイント。

プッシュ

ストレートにバックハンドで決める

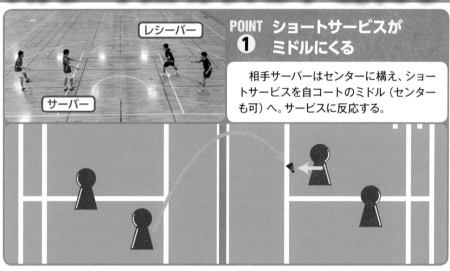

POINT 1 ショートサービスが
ミドルにくる

相手サーバーはセンターに構え、ショートサービスを自コートのミドル（センターも可）へ。サービスに反応する。

レシーバー

サーバー

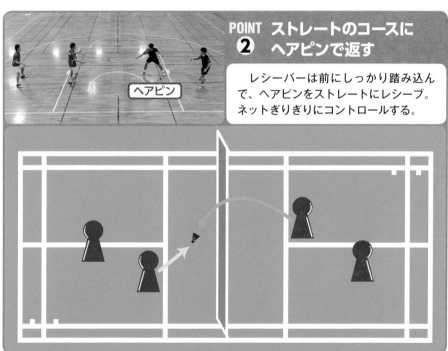

POINT 2 ストレートのコースに
ヘアピンで返す

レシーバーは前にしっかり踏み込んで、ヘアピンをストレートにレシーブ。ネットぎりぎりにコントロールする。

ヘアピン

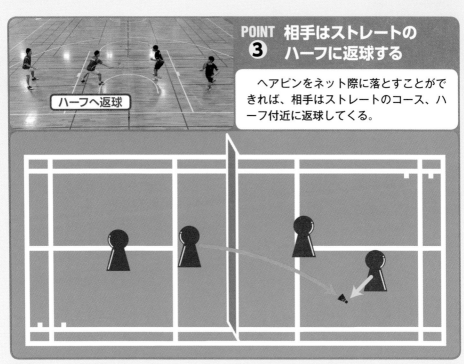

POINT ③ 相手はストレートの ハーフに返球する

ハーフへ返球

ヘアピンをネット際に落とすことができれば、相手はストレートのコース、ハーフ付近に返球してくる。

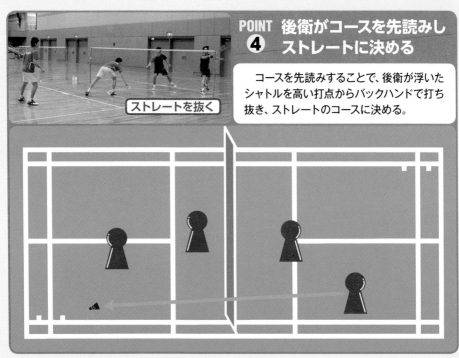

POINT ④ 後衛がコースを先読みし ストレートに決める

ストレートを抜く

コースを先読みすることで、後衛が浮いたシャトルを高い打点からバックハンドで打ち抜き、ストレートのコースに決める。

相手ドライブをプッシュで決める

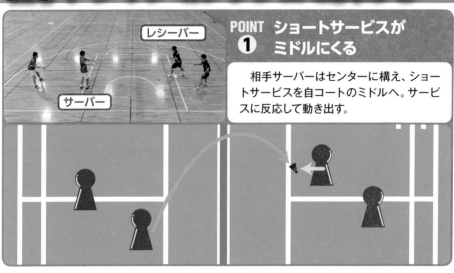

レシーバー
サーバー

POINT ① ショートサービスがミドルにくる

　相手サーバーはセンターに構え、ショートサービスを自コートのミドルへ。サービスに反応して動き出す。

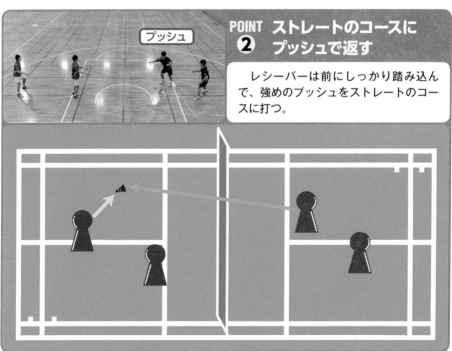

プッシュ

POINT ② ストレートのコースにプッシュで返す

　レシーバーは前にしっかり踏み込んで、強めのプッシュをストレートのコースに打つ。

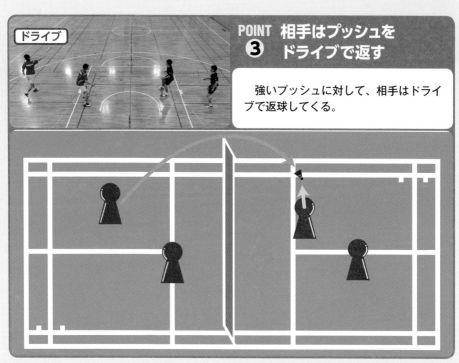

POINT ③ 相手はプッシュをドライブで返す

強いプッシュに対して、相手はドライブで返球してくる。

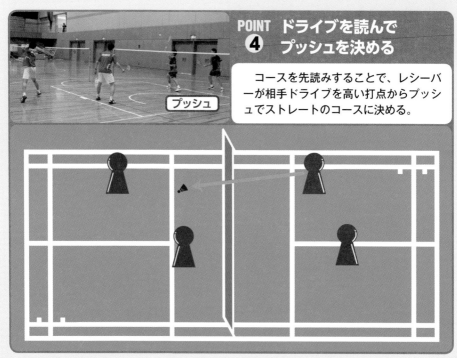

プッシュ

POINT ④ ドライブを読んでプッシュを決める

コースを先読みすることで、レシーバーが相手ドライブを高い打点からプッシュでストレートのコースに決める。

ストレートにスマッシュで決める

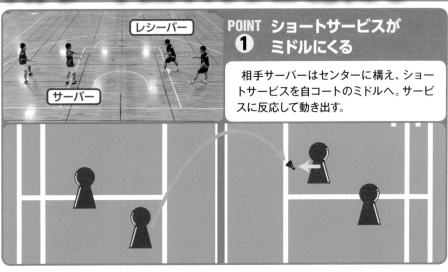

レシーバー

サーバー

POINT ① ショートサービスが ミドルにくる

相手サーバーはセンターに構え、ショートサービスを自コートのミドルへ。サービスに反応して動き出す。

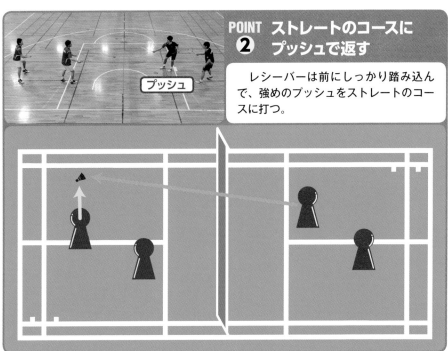

プッシュ

POINT ② ストレートのコースに プッシュで返す

レシーバーは前にしっかり踏み込んで、強めのプッシュをストレートのコースに打つ。

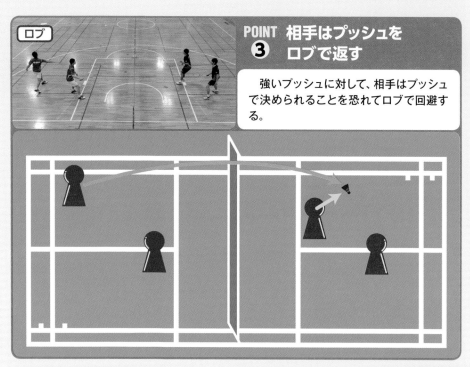

ロブ

POINT ❸ 相手はプッシュを ロブで返す

　強いプッシュに対して、相手はプッシュで決められることを恐れてロブで回避する。

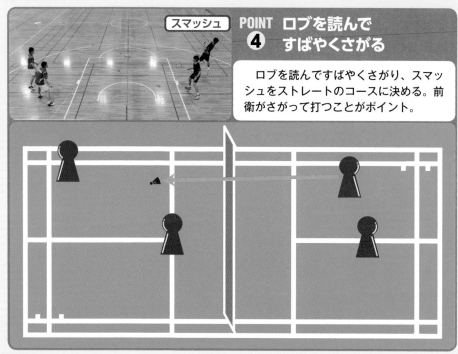

スマッシュ

POINT ❹ ロブを読んで すばやくさがる

　ロブを読んですばやくさがり、スマッシュをストレートのコースに決める。前衛がさがって打つことがポイント。

後衛が動いてプッシュを決める

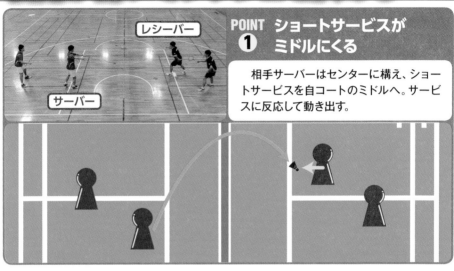

POINT ① ショートサービスが
ミドルにくる

相手サーバーはセンターに構え、ショートサービスを自コートのミドルへ。サービスに反応して動き出す。

レシーバー

サーバー

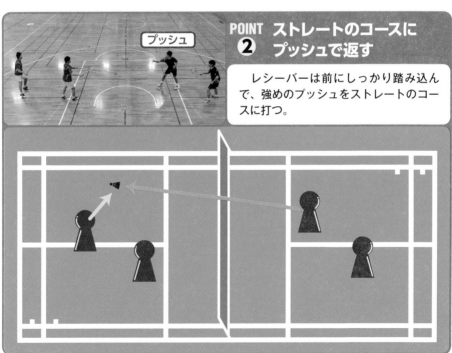

POINT ② ストレートのコースに
プッシュで返す

レシーバーは前にしっかり踏み込んで、強めのプッシュをストレートのコースに打つ。

プッシュ

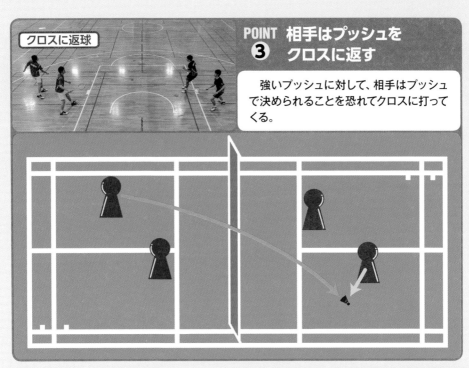

クロスに返球

POINT ③ 相手はプッシュを クロスに返す

強いプッシュに対して、相手はプッシュで決められることを恐れてクロスに打ってくる。

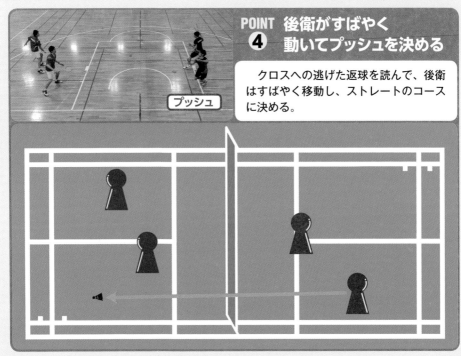

プッシュ

POINT ④ 後衛がすばやく 動いてプッシュを決める

クロスへの逃げた返球を読んで、後衛はすばやく移動し、ストレートのコースに決める。

快適な着心地の ウエアでプレーする

バドミントンは屋内で激しい動きをするので、プレーをするうちにたくさんの汗をかく。不快さを感じては良い動きができないので、ウェアは汗を吸収しやすく乾きやすい素材を選ぶこと。各メーカーでは速乾以外にも様々なタイプを用意している。ウェア内の温度が下がるものや、立体裁断で肩まわりの動きがスムーズになるもの、消臭機能がプラスされたものなど。

公式試合で着るウェアは、「相手や観客に不快さを与えないもの」という規定があり、白をベースにしていれば問題ないが、色つきの場合は日本バドミントン協会の検定合格品であることが定められている。合格品は各メーカーで出されているので、そのなかから選ぶことができる。

PART 6

ダブルス特有の戦術

ペアの特徴を生かしてゲームを主導する

ダブルスで使われるフォーメーションの種類

コート片面に二人がコートに入るダブルスは、シングルスと比べるとスペースが小さい。そのためラリーの速さへの対応はもちろん、**相手につけ入るスキを与えないための効率の良いフォーメーションがポイントになる。**

フォーメーションは大きく分けて三つ。ネット近くにポジショニングする前衛と、コート後方でシャトルを拾う後衛に分かれる「ト ップ・アンド・バック」は今のバドミントンの主流のフォーメーションだ。

これに対して守備重視のフォーメーションとなる「サイド・バイ・サイド」は、ペアが横並びになって相手からの攻撃を防ぐ形。

「ローテーション」は前衛と後衛の役割を固定せず、ラリーの展開によって前後衛が入れかわる自在性のあるフォーメーションだ。

POINT ❶ 役割を明確にし 攻撃的なゲームをする

「トップ・アンド・バック」は、前衛がネット付近、後衛はコート後方に位置する。試合展開で特徴的なのが前衛のプッシュによる決定力だ。前衛にはスキあればプッシュで決める積極性が求められる。後衛には走力があり、強いスマッシュが打てる選手が向いている。

POINT ❷ ペアが横並びになり 守備的なフォーメーションをとる

攻撃的な「トップ・アンド・バック」に対して守備重視となるのが「サイド・バイ・サイド」だ。ペアが横並びになり、相手から攻撃を守るのに優れている陣形だ。コート半面は自分が確実に守り、チャンス場面では攻めるというスタンスが大切だ。

POINT ❸ ラリーの展開によっては 前衛と後衛が入れかわる

ラリーの展開によっては決められたポジションでプレーできることは少ない。前衛が後ろにさがり、後衛が前に走らされることもプレー中はしばしばある。このような状況では、ペアがローテーションし、前衛と後衛が入れかわるフォーメーションになる。

プラスワン +1 アドバイス

ダブルスのカテゴリー別に 戦術を立てる

ダブルスのゲームには「男子ダブルス」「女子ダブルス」「ミックスダブルス」の三つのカテゴリーがある。同じダブルスでも、それぞれにゲームの展開に特徴がある。ペアとの相性や個々のスキルにあった戦術を立てて、試合にのぞむ必要がある。

前衛が積極的に前に出る

コートの前後に位置し攻撃的にゲームを展開

　ペアがコート上で前後にポジショニングするシステム。前衛はネット際でのプレーやフィニッシュの役割を担う。一方の後衛は、前衛が決められるような相手ショットを導く、スマッシュの強さや展開力、シャトルを拾う走力でカバーする。

　ペアの構成は同じようなタイプの選手でなく、「前衛タイプ」と「後衛タイプ」で組み合わされている傾向が高く、**攻撃**面で主導権を握ることができれば相手を終始圧倒できるフォーメーションともいえる。

　攻撃的なダブルスの主流となるフォーメーションだけに、この陣形をいかに崩すかがダブルスの試合での攻略のカギともいえる。前衛と後衛の能力を見極め、相手が苦手とする形にラリーを導くことが大切だ。

POINT ❶ 前と後ろに分かれて コートにポジショニングする

　前衛はショートサービスラインより少し後ろに構え、いつでもプッシュを繰り出せるよう準備する。後衛はシングルスのホームポジションよりも少し後ろに位置し、コート中央で構えるのが基本。このフォーメーションをサーブレシーブやラリーの展開で維持し続けることで、ゲームを優位に進めることができる。

POINT ❷ 前衛はプッシュ、後衛は スマッシュで攻撃を組み立てる

　トップ・アンド・バックは攻撃的な陣形で、相手に優位に立っている状況でもある。前衛はチャンスがあれば確実にプッシュで決め、後衛は相手に反撃のスキを与えないスマッシュを打たなければならない。特に前衛の選手は、有利な展開から積極的に前に出てプッシュを決める必要がある。

ペアが横並びになって守る

自コートのサイドをしっかり守る

ペア同士が横並びになり、相手からの攻撃を防ぐのが「サイド・バイ・サイド」の陣形だ。守備的な状況ではあるが、ラリーを継続することで反撃のチャンスをうかがう。

この陣形の特徴は、相手の速いスマッシュなどに対して左右に大きく動かず対応ができる点だ。相手の攻撃が途切れたら、すばやくトップ・アンド・バックの攻撃体勢に移れるよう準備しておくことが大切だ。

特に自分が立つ側のコート半面は、自分で守り切る意識でプレーすることが大事。

そのため前衛、後衛のポジションに関わらず前にシャトルを落とされても、後ろにあげられても自分のコートサイドは、すばやく走って打ち返す必要がある。

状況によっては、サイド・バイ・サイドの片方を集中して攻撃してくることもあるのでペアとして対策を練っておく必要がある。

POINT ① 左右に分かれて コートにポジショニングする

　サイド・バイ・サイドの陣形での二人の立ち位置は、クロス側が自コートの中央よりやや前がセオリー。相手の攻撃力やショットの傾向により、あとは前後に微調整しよう。二人の間にシャトルが飛んできた場合は、右利き同士ならフォアハンド側の選手が打つなど、事前に決めておくと無駄な失点を防ぐことができる。

POINT ② 相手の攻撃をしのぎ チャンスがあれば仕掛ける

　コートの中央で横並びになる陣形では、相手ショットがスマッシュに見えても微妙にカットして、変化を入れてくることもあるので、すばやく前に出て対応しなければならない。また相手ショットが甘く、攻撃的な陣形に移動できる場合は、すばやくトップ・アンド・バックの形に切り替える。

ペアが前後入れかわる

前衛と後衛がラリー中に入れ替わる

バドミントンのラリーでは前衛と後衛が前後入れかわるシーンがある。ローテーションする場合は、近い選手がシャトルを打ち、もう一方の選手が対角線の逆サイドにカバーに入ることが基本だ。

ラリーの主導権があるか、相手のショットによって陣形を崩されるのかにもよるが、**前衛と後衛が入れかわるローテーションの流れはスムーズに行えることが戦術**的にも重要だ。

後衛が前に出る攻守のシーンでは、相手の次の返球に対する大事なケアとなり、前衛がコート後方にさがる。

入れ替わったことで極端に守備力や攻撃力が落ちないようペアのスキルを高めておくことが大切。また入れ替わりがスムーズにできるよう、トレーニングしておこう。

POINT ❶ 前衛は後衛、後衛は前衛の フォローに動く

　バドミントンの基本戦術として、後衛がスマッシュ、前衛がプッシュということに変わりはない。このフォーメーションを能動的、あるいは受動的に変えるのがローテーションだ。基本的には前衛は後衛、後衛は前衛のカバーに動く流れであり、ローテーションのタイミングは後衛の判断や声出しが必要になる。

POINT ❷ ローテーションしても 攻撃力をダウンしない

　ローテーションはコート上の穴をなくすフォーメーションの一環だ。得意な陣形があるのであれば、その形を押し進める方が得策だが、ラリーの流れによっては、前衛と後衛が入れ替わることも必要になる。ローテーションした後も極端に攻撃力が落ちないようペアの総合力を高めておくことも勝利するコツ。

粘り強くラリーをつなぐ

ラリー展開のなかから活路を見出す

　女子ダブルスは世界的に見ても日本選手が活躍しているカテゴリーだ。男子よりもラリーが長い傾向があり、そのなかでいかに相手を崩して、自分たちの攻撃の形に持っていくかがポイントになる。

　男子の場合、シャトルを極力浮かさないスピィーデーな試合展開になるが、**女子の場合はシャトルをあげることも戦術のひとつで、ラリーが長く続くため、シャトル**を追い続けられるスタミナと精神力がカギを握る。

　そのような試合展開でも、コートをいかに大きく使えるかで勝敗が変わる。我慢してラリーを続けられるか、チャンスとなれば決定打を打てるかが、勝つためのポイント。相手ペアのポジショニングを見ながら効果的なショットを繰り出していこう。

POINT ① あえてシャトルをあげて ラリー展開を制する

　女子ダブルスの場合、ショートサービスだけでなく、ロングサービスも多用される。つまりシャトルをあげることは、決してラリーの主導権を相手に渡すものでなく、相手を動かし、打たせることで、それ以降のラリー展開を戦術的に進めることができるのだ。戦術的な目的を持ってサーブレシーブ、ラリーに入ろう。

POINT ② 相手を大きく動かして 決定的なショットを打つ

　女子ダブルスの場合、男子ダブルスに比べると、決定打となるスマッシュやプッシュに強さはない。スペースの小さいダブルスでは、技術があるペアならシャトルを拾って返すことができる。ポイントを決めるのが決定打となるひとつ前のショット。コートを大きく使い、相手を動かすことで決定打を打ち込めるスペースが生まれる。

相手ペアの特徴を意識して攻略する

男子選手の前に落として女子選手にはあげて打たせる

　国内に目を移すと、トップレベルにある実業団に男女のミックスダブルスを専門でプレーする選手は少ない。そのため国際試合のミックスダブルスに出場するペアは急造であることが多い。とはいえ国内の男女トップレベルの選手がペアを組むため、ある程度の試合はできるが、戦術的には進歩の余地がありそうだ。

　しかしトップレベルのペアになると、女子選手の対応力が男子選手並みになり、こちらが意図した戦術もペアのチームワークで回避して、逆に攻め込むこともできる。

　セオリーとしては「男子に落として、女子にあげる」という戦術が当てはまる。スマッシュやプッシュなど決定力のある男子にシャトルを自由に打たせず、スイングスピードでやや劣る女子にシャトルをあげて、あえてスマッシュを打たせる戦術だ。

POINT ① 女子選手の能力次第で ペアの戦術が変わる

　男子選手と女子選手がペアを組むという性質上、女子選手を男子選手がフォローする局面がある。とはいえ男子選手が打つ速いスピードのシャトルに対して、女子選手も互角に対応しなければならない。女子選手の能力が高ければ、ミックスペアの実力はあがる。ペアとしてのコンビネーション構築で、より高いレベルに進むことができる。

POINT ② 相手を大きく動かして 決定的なショットを打つ

　男子選手に対しては前に落とし、女子選手には後ろで打たせることがセオリーなので、イメージしている攻撃的なトップ・アンド・バックの陣形に持ち込むことが大事。仮に崩されても、ラリーの展開からローテーションで攻撃的な陣形に戻れるよう、ペアとしてどう動くか、話し合って決めておくことが大切だ。

いつものポジションより前に出る

サイド・バイ・サイドの位置を前にずらす

　相手に攻め込まれている状況では、ペアはサイド・バイ・サイドの陣形をとる。確かに守備力には優れた陣形だが、相手ペアの攻撃力が守備力を上まわるほどなら、試合のなかで対策を立てなければならない。

　対応策としては、通常のサイド・バイ・サイドをとる位置よりやや前にポジショニングし、相手の攻撃的なショットを速いタイミングで返球していく。そうすることで相手ペアはプッシュなどで前に出にくくなり、うまくいっていた攻撃的な陣形を崩す手がかりとなることがある。

　前にポジショニングする分、相手の攻撃的なショットが速く感じるが、しっかりコースを狙って返球していくことが大事。

あえてシャトルをあげて出方をみる

シャトルをあげてコート後方を走らせる

　守備的なペアは、こちらの攻撃的なショットに対応して、時間をかけてラリー展開に持ち込んでくる傾向がある。

　女子ダブルスではよくある展開で、守備的なペアに対して焦ってポイントを取りに行けば、ミスを重ねたり、カウンターを受けるなど、相手ペアの思うツボとなる。

　このような場合は、あえてシャトルをあげて相手の出方を伺うことも有効。この

とき決して安易なコースに出すのではなく、**相手を走らせることができるコート後方の両コーナーを狙うことが大切**だ。

　そうすることで相手ペアは、自分たちのリズムをつくれず、安易なミスをしてしまうこともある。相手ペースが乱れだしているなら、その戦術を軸に自分たちの攻撃を組み立てていく。

コートを広く使いチャンスを導く

シャトルをあげてコートを広く使う

　陣形を自在に操り、前衛と後衛のポジションをローテーションしてくるペアは、ロブをあげないショットを軸に攻撃を組み立ててくる傾向がある。そのため有効となるのがロブを使った戦術だ。

　ロングサービスはもちろん、レシーブでもシャトルをあげてコートを広く使うことで相手ペアのほころびが見えてくる。

　相手ペアの利き腕や得意とするショット

がどのような位置、角度から飛んでくるのか、しっかり見極めてラリーをつなぐことがポイントになる。

　特にコートの後ろのスペースをうまく使うことで、ネット近くに落とすショットがいつも以上に生きてくる。前後左右のスペースを広く使い、戦術を組み立てることで攻略できるのだ。

試合のインターバルを利用して確認する

試合の流れを分析し悪い点は改善する

　試合のチェンジコートでのインターバルは1分しか時間がない。この短い時間を利用してコーチや指導者がペアに伝えられることには限りがある。

　伝える側のコーチは、まず選手が迷わないアドバイスをすることが大切だ。うまくいっている状況なら、余計な情報は伝えずそのまま送り出す。逆に相手にペースを握られている状況なら「どこが悪いのか、

どう対処すればいいのか」できるだけ明確に伝える必要がある。そうすることで、**悪い流れを断つことができ、自分たちのリズムでプレーすることもできる。**

　ペア同士もチェンジコート時に限らず、常にコミュニケーションをとり、相手の狙いや気づいた点、それぞれのペアの調子、勝つための戦術などを確認すると良いだろう。

相手ペアにプレッシャーをかける

試合の流れで相手にプレッシャーをかける

　試合の展開によっては、相手ペアとさまざまな駆け引きをしなければならない。知っておけば、必要以上に重圧を感じることもなくなる心理的な戦術といえる。

　試合の流れによっては、**大事なポイントを獲った場面でガッツポーズをつくって喜びを表現することも大事**。そうすることで、相手ペアにとっては、単なる1ポイントを失った以上の精神的なダメージとしてあた

えることができる。

　サーブレシーブの場面でも、相手サーバーに構えを大きく見せることにより「どこにサービスを出してもプッシュされる」という、錯覚に陥らせることもできる。

　心理的に重圧を受けた相手サーバーの微妙なコントロールを狂わせ、レシーブ側は積極的なレシーブからの戦術が組み立てられる。

大きい構え

小さい構え

POINT ❶ 構えを大きくするだけで 相手に重圧をかけられる

　レシーブは相手サーバーが繰り出すサービスに対して、受け身の姿勢になりがち。しかしレシーバーが構えを大きくとることで、相手サーバーは重圧を感じるものだ。精神的にプレッシャーを与えることができれば、サービスのコースや高さに微妙なコントロールミスを招くとも限らない。レシーブ側からすると、そこからチャンスが広がるのだ。

POINT ❷ 相手ペアを観察して 精神的に優位に立つ

　試合では自分たちの流れでゲームを進められるとは限らない。ポイントが決まった後のインターバルやチェンジコートのタイミングで、相手ペアを観察すると、どちらのペアが精神的に優位に立っているのかがわかる。相手ペアが自分たちの流れでゲームを進めていなければ、ペア同士のコミュニケーションにも焦りを感じることができるだろう。そこにつけ入るチャンスが生まれる。

メンタルをコントロールする

試合中の決まりごとで自分の心を落ち着かせる

　ルーティンは一般的に「毎日決まりきったこと、日課」という意味合いで使われる言葉だが、スポーツシーンではアスリートがパフォーマンスを発揮するために必要な手順的な意味合いを持つ。

　例えば、ポイント間のちょっとしたタイミングで、ラケットのガットを整えることもルーティンのひとつ。一見、神経質な行為にもみえるが、ガットを整える時間を利用して、

ポイントを獲っても獲らなくても、あるいはミスしても、好プレーで決めることができても、**あらためて心を静め、次のプレーに専念するきっかけをつくることができる**のだ。

　ルーティンで何をするかは、選手によって変わってくる。何らかの自分の心を落ち着ける動作を決まったタイミングで行うことで、平常心に近い心理状況でプレーすることが可能になる。

PART *7*

試合に向けての準備の戦術

相性の良い相手とペアを組む

性格的にもバランスのとれたペアを組むことが理想

　ダブルスのペアは一心同体で戦えることが理想だ。プレースタイルや性格は違っても相性が良い選手同士が組むことが理想だ。

　例えば勝負がかかった場面で守備的な選手と攻撃的な選手では対応が変わるように、**選手の性格や志向によって、ペアとして起伏の波が小さいことが理想。タイプの違う選手が組んだ方が、ペアとしての相**

乗効果も生まれる。

　逆にペアの二人が守備的でネガティブな志向に陥ってしまえば、守勢にまわらざるをえず攻撃へのチャンスを逸してしまう。

　逆にペアがともに攻撃的な場合、我慢すれば相手のミスを誘えそうな場面で、ポイントを急ぐあまり自分からミスをして得点を与えてしまうことにもなりかねないのだ。

プレースタイルの違う選手でペアを組む

対照的な選手同士で組めば効果的な戦術が可能

　ダブルスの試合によってカギを握るのが前衛の得点力だ。チャンスの場面はもちろん、相手ペアにプレッシャーをかけるために前に出て、コート前方にポジショニングしなければならない。

　前衛は前にダッシュする機会が多いため、スピードとフィジカルが必要で、攻撃的なタイプの選手が向いているといえる。

　対する後衛タイプは、相手とのラリーを制しつつ、自分が疲れてきても速いスマッシュを打ち続ける力、フィジカルの力がなければならない。どちらかといえば、粘り強い性格の選手が適している。

　仮にスマッシュの速い2人でペアを組んでも、レシーブの技術がなければ試合に勝てない。あえて**タイプの違う選手を組み合わせることで、攻撃的なトップ・アンド・バックの陣形で戦うことができる。**

109

自分たちのプレースタイルを確認する

ペアの長短所を把握して練習・試合にのぞむ

相手のプレースタイルや戦術を分析することは、勝つための常とう手段。しかし自分たちのペアにどんな特徴があるのか、どんなウィークポイントがあるのかをしっかり把握することも必要だ。

ときには試合の様子や練習での動きをビデオに収めて、自分たちのプレーをチェックしよう。

練習や試合を通じて、自分たちのプレーを分析しつつ、客観的にプレーをみることで、得意とする伸ばすべき点や改善すべき弱点を把握することができる。

自分たちの強い部分、弱い部分をしっかり理解することで、後の練習課題や試合で意識しなければならない注意点がみえてくる。その積み重ねがペアの実力アップにつながる。

対戦相手をチェックする

対戦相手を事前にチェックして対策を立てる

　ダブルスのトーナメントは複数日で行われることが多い。自分たちの目標をどこに設定するかにもよるが、戦うであろうライバルのプレースタイルや特徴は、事前に把握した方が良いだろう。

　相手が試合をしていれば、観戦してチェックすることもできるが、試合の時間が重複したりするなど、自分たちの目で確認できない場合は動画におさめることで後から確認することができる。

　相手が出すサービスのコースやレシーブの傾向を事前に知っておくことは、大きなアドバンテージになる。逆に知らないと、読みの材料がないばかりか、スピードへの対応も難しくなる。相手のプレーの特徴を事前に知っておくと、ピンチの場面でも余裕を持って対応できるのだ。

ペアに特化した練習をする

前衛と後衛の役割を意識して練習にのぞむ

前衛はプッシュでシャトルを沈め、後衛はスマッシュやクリアーでラリーを続けることを念頭に、それぞれの役割を固定してプレーする練習をとり入れる。相手は前衛の両サイドを抜きに行くイメージでショットする。

前衛は相手ショットを予測して、動くことで試合での前にでるタイミングやプッシュの出しどころがみえてくる。

後衛はコート全体をカバーしつつ、プレーすることでペア全体の動きやコンビネーションが生まれてくる。

プラスワン +1 アドバイス
サービスから開始して攻撃を組み立てる

サービスは試合と同様にコントロールの効いたコースに出すことが大切。そのサービスにたいして相手のレシーブがどのようなコースに返球されるのか、体感することにより試合での対応が変わってくる。

ミスをしない練習をする

レシーブに特化した練習で守備を強化する

ラリーでは守備にまわらざるを得ないタイミングがある。そのときにひく陣形がサイド・バイ・サイドだ。

サイド・バイ・サイドの陣形からミスをせず相手の攻撃的なショットを跳ね返すことが第一目標。 そこからチャンスを伺い自分たちが攻撃に転じられるような精度のショットを繰り出していく。

相手がサイド・バイ・サイドを崩すようなショットを打ってきたら、ローテーションで対応する。練習のテーマとしては、あえて決めずにラリーを続ける意識を持つことが大切。ミスの回数を数えてペアで勝敗を決めるのも良いだろう。

プラスワン ＋1 アドバイス
センターに打ってペアの対応力をはかる

練習相手は、ときにサイド・バイ・サイドの弱点ともいえるセンターのコースにショットを打ってみよう。右利き同士のペアでフォアハンド側が優先して返すなら、シャトルに対して左側の選手がレシーブするはずだ。瞬間的に迷わないコンビネーションを構築しておこう。

栄養を食事で補う

バランスのとれた食事で栄養を補給する

バドミントンの消費カロリー量は、ほかのスポーツに比べても高いレベルにある。つまりバドミントンで激しくプレーすればするほど、大量のカロリーを消費することになる。

これに気づかず練習や試合の後に、栄養価のない食事を続けていれば、体重はもちろん、筋力を維持することが難しくなる。

筋肉量の低下は、スイングスピードやショットの強さにも影響する。つまり栄養バランスがとれた食事を摂ることができなければ、相手コートにシャトルを沈めるショットを打つことが難しくなる。

五大栄養素といわれる炭水化物、たんぱく質、脂質、ビタミン、ミネラルを食事に摂り入れることがセオリー。食事と食事の間には、消化の良い間食を入れることもポイント。摂りすぎならば体重が増加するので、ボリュームをセーブする。

ストレッチでコンディションを整える

運動後のストレッチで体に疲れを残さない

ストレッチはウォーミングアップだけでなく、試合や練習後に体を整える効果もある。

激しく体を動かした後は、体の血液中に疲労物質が溜まる傾向がある。

そのままにしておけば体に疲れが残り、翌日以降の練習や試合に高いパフォーマンスでのぞむことができない。

体を動かした後は、ストレッチでクールダウンすることにより、血液中の疲労物質を押し流す効果がある。

個人で体調管理することも大切だが、ペアを誘い合わせストレッチすることでコミュニケーションをはかることもできる。練習終わりにチーム全体で行うのも良いだろう。

試合時間にあわせて練習する

試合当日、前日は練習量を少し抑える

多くの試合は朝からはじまり、トーナメントを勝ち抜くごとに連戦が続く。朝起きて、ウォーミングアップ、そして試合が終わるまでバドミントン一色の一日となる。心身ともに疲労することは間違いない。

当日の朝、会場入り前に練習しても構わないが、最低限のウォーミングアップ程度にとどめて試合に体力を温存することがベターだ。

前日の練習も少し抑えて、翌日の試合に向けてコンディションを調整しておく方が良いだろう。練習開始の時間も試合開始の時刻に合わせて、体を慣らしておくことがベスト。

当然、起床時間や朝食、昼食のタイミングも試合スケジュールにあわせて行うことで、試合の緊張からわずかでも解放される。

試合に向けて目標を立てる

一年間を通じて目標を立てる

ただ「バドミントンで上達したい」「試合に勝ちたい」という気持ちだけでは、思うようにレベルアップできない。

自分がどのようなレベルなのか理解し、試合では優勝を狙う、ベスト4、ベスト8など明確な目標を掲げることが大切だ。目標を達成するためには、どのようなレベルの相手に勝たなければならないのか、**勝つためにはどのような努力（技術習得・練習）が必要なのか見えてくる。**

ひとつの試合だけに限定するのではなく、「ランキング〇位に入る」など、さらに具体的な目標を立てることで一年間を通じての目標設定ができ、それを積み重ねることで入学から卒業までの長いスパンでもバドミントンのスキルアップを考えることができる。

プレースタイルにあったラケットを選ぶ

スタイルにあったラケットでプレーに磨きがかかる

　シャトルやラケットの進歩により、バドミントンの高速化が進んでいる。特にダブルスは展開が速く、**前衛と後衛の分業もあるので自分のプレースタイルにあったラケットを使うことが大切だ。**

　ラケットにはアルミ製のものとカーボン製のものがあり、大きくわけて「スピード重視」「コントロール重視」「パワー重視」のタイプがある。それぞれラケット面の大きさと重さ、重心のバランス、シャフトのしなり具合などが違い、ラケットの特徴となっている。

　またグリップの太さにも「太い」「ふつう」「細い」などの段階があり、自分で握ったフィーリングや振り抜け感から、しっくりくるものを選ぶと良いだろう。

POINT ❶ シャトルを打ったときの感覚で「柔らかい」「硬い」のタイプがある

ラケットにはシャフトとフレームに大きさや硬さの違いがある。柔らかめのラケットは、シャフトのしなりでシャトルを遠くまで飛ばすパワーのない選手や守備重視の選手向け。硬めのラケットはコントロール性に優れ、スイングの速いスマッシュ主体の攻撃重視の選手に向いている。

POINT ❷ ラケットの重さでシャトルの飛びが違う

バドミントンラケットの重さには75gから95gぐらいがあり、近年は85g前後のラケットが主流。重いラケットは、攻撃的でスイングスピードの速いパワープレーヤーに向いている。軽いラケットは操作性が良く、厚いラケット面だとシャトルの飛びが良く、パワーのない選手でも使いこなすことができる。

POINT ❸ ダブルス選手はトップライトのラケットが適している

ラケットの重心バランスは、グリップエンドに近いほどトップライト、先に近いほどトップヘビーとなる。トップライトのラケットは、軽く操作性が良い、ダブルス向きのラケットといえる。トップヘビーのラケットは、軽いラケットでもパワーを発揮でき攻撃的な選手向き。

プラスワン +1 アドバイス

同じ感覚で使えるラケットを複数用意する

試合中はガットが切れてしまったり、ラケット自体を破損することがある。ラケットが変わることでプレーの質が落ちるようなことは避けたい。自分のなかでのお気に入りの1本と、同じぐらいの感覚で使えるラケットを数本用意して試合にのぞむようにしよう。

会場の風の流れを把握する

会場の設備を味方にして試合を優位に進める

体育館の試合は暗幕をひき、窓を閉めて行うため「無風でまぶしくない」と誤解しがちだ。実際は、大型のエアコンが設置されていたり、照明の角度やシャトルのあがった角度によっては、まぶしくて見えないポイントがある。

このような情報を事前に知っていれば、相手ペアにそれだけ優位に立つことができ、会場の設備やコートを考え方によっては味方にできる。

ラリーの大事なポイントで影響が出ないよう事前にチェックしておくことが大事。はやめに会場入りしたら、エアコンの風向きや照明の明るさなどチェックしておこう。

また床の滑り具合やシューズのグリップなども確認しておこう。滑るようなコートなら相手を走らせる展開も効果的になる。

POINT ❶ エアコンの風は シャトルに影響を与える

　大型エアコンから流れてくる風は、軽い
シャトルに大きな影響を及ぼす。特に風が
向かい風となった場合は、通常のラリーよ
りもシャトルの飛びが悪く、試合を通じて
体力を消耗する。もし事前に風についての
情報をつかんでいれば、有利なコートサイ
ドから試合をはじめることができる。試合
に入ってから気づいていては戦術的に大
きな痛手となるはずだ。

POINT ❷ エアコンの風は シャトルに影響を与える

　ラリーではシャトルが高く舞いあが
る。照明の明るさや角度によっては、一
瞬シャトルが見えにくいポイントがあ
る。ポイントを獲りにいくようなタイミ
ングでは、ミスの要因となりかねない。
また会場の床についても滑り具合をチェ
ックしておこう。バドミントンの専用コ
ートなら問題ないが、体育館の床の場
合、湿度の違いによってもグリップが変
わってくる。

バドミントンダブルス
戦術 Q&A

バドミントンは相手ペアとの駆け引きや
戦術を駆使して戦うスポーツだ。
特にダブルスはスピード重視、戦術重視の傾向が強い。
自分たちペアのレベルにあった戦術を考え、試してみよう！

Q.1
**開始直後は良くても
試合がもつれると息切れしてしまう**

A.1
**試合を通じて落ちない
フィジカルをつける**

スマッシュが速い選手でも、試合を通じて相手ペアがスピードに慣れてくる。逆に自分が疲労によってスマッシュが打てなくなれば攻守は逆転してしまう。前衛も常に前に出ていくダッシュ力が必要。1試合を通じて戦えるフィジカルをペアが備えていることが大切だ。

Q.2
ペアの役割がしっくりせず
試合に勝てない

・・・

A.2
前衛と後衛の役割を
再確認してペアを編成する

前衛は攻撃的な選手、後衛はフットワークに長けた粘り強さがあり、スマッシュが速い選手が向いている。前に出てシャトルを落とす技術は、難しいので前衛をできる選手は貴重だ。ダブルスでスマッシュの速い選手がペアを組んでも、レシーブの技術、プッシュで決める技術がなければ、決して試合は成り立たない。

Q.3
ロングサービスを出す
効果的なタイミングは

・・・

A.3
積極的に試合で使って
相手の反応をみる

ロングを使わずに勝てるなら使う必要はない。しかしある程度、戦術を駆使して勝っていくペアならロングサービスを使うことで幅が広がる。実際にロングサービスを出してみて、相手がどう対応するかで見極めることが大切。ロングサービスを出したことによる、ショートサービスへの相手の読みも惑わすことができる。

Q.4
三球目、四球目以降の
ラリーにもつれ込んだら

• •

A.4
ペアの総合的な力で
相手を上回る

ペアのスタイルによって作戦を対応させることが大切。例えば相手がトップ・アンド・バックで片方が特化した力があるのであれば、逆に持っていく工夫も必要だ。またディフェンスにまわった状況からオフェンスに転ずるためのショットの精度、オフェンスを続けられるスマッシュのスピードと体力など、総合的なペアの力が求められる。

Q.5
中学生では地域の大会で実績はあるが、
高校に入って伸び悩んでいる

• •

A.5
考えて勝つバドミントンを
はやい時期からはじめる

バドミントンは、レベルが上になればなるほど頭で考えないと勝てないスポーツだ。体の強さだけで勝てるのは、高校レベルまでともいわれている。大学や社会人のトップ選手になると体の強さはもちろん、駆け引きが必要になってくる。高校生までに、考えて試合をして勝っていた選手は、大学でも大きく伸びる可能性がある。